세 남자와 함께 만드는 소통 하브루타

우리, 대화하고 있나요?

세 남자와 함께 만드는 소통 하브루타
우리, 대화하고 있나요?

초판 1쇄 발행 2020년 7월 31일

지은이 김미경
펴낸이 장현수
펴낸곳 메이킹북스
출판등록 제 2019-000010호

디자인 안영인
편집 안영인
교정 김시온
마케팅 오현경

주소 서울특별시 금천구 가산디지털1로 142, 312호
전화 02-2135-5086
팩스 02-2135-5087
이메일 making_books@naver.com
홈페이지 www.makingbooks.co.kr

ISBN 979-11-971054-4-9(13590)
값 13,500원

ⓒ 김미경 2020 Printed in Korea

잘못된 책은 구입하신 곳에서 바꾸어 드립니다.
이 책의 전부 또는 일부 내용을 재사용하려면 사전에 저작권자와 펴낸곳의 동의를 받아야 합니다.

이 도서의 국립중앙도서관 출판예정도서목록(CIP)은 서지정보유통지원시스템
홈페이지(http://seoji.nl.go.kr)와 국가자료공동목록시스템(http://www.nl.go.kr/kolisnet)에서
이용하실 수 있습니다. (CIP제어번호: CIP2020030766)

홈페이지 바로가기

세 남자와 함께 만드는 소통 하브루타

우리, 대화하고 있나요?

김미경 지음

사랑이라는 감정이 녹여져 있는 하브루타를 통한 의사소통!

무조건 회피하지 않고 내 생각을 조리 있게 얘기할 수 있는 용기도 샘솟게 한다.
그 용기가 서로를 힘들게 하는 것이 아니라 감정을 '말랑말랑'하게 만들어 준다.
그 '말랑말랑함'이 사랑이 아닐까 싶다.

메이킹북스

들어가는 글

우리는 질문에 얼마만큼 자유로울까?

다른 사람이 물어보는 질문에는 성심성의껏 대답하려고 애를 쓰기도 한다. 문제집은 출제자의 의도를 파악하며 답을 적어야 했고, 면접을 볼 때는 자신의 생각을 소신 있게 피력하느라 애를 써야 했다. 그렇다면 질문에 좀 익숙해질 만도 하고, 그래서 어떤 질문이 와도 두려움 없이 답을 적거나 말로 표현할 수도 있을 듯하지만 그리 쉽지는 않다. 어떤 때는 질문의 주체가 누구냐에 따라 침묵을 유지하기도 한다.

그렇다면 우리는 스스로에게 얼마나 많은 질문을 던지며 살아가고 있을까?

'내가 하고 있는 이 일이 최선일까?', '만약 그 상황으로 다시 돌아간다면 어떻게 해결할까?', '내가 좋아하고 잘하는 것은 무엇일까?', '정말 나란 존재는 어떤 사람일까?' 등. 어느 날 문득 이런 질문이 생각났다면 그건 삶의 터닝 포인트를 만났다고 봐도 과함이 없을 것이다.

피치 못할 사정으로 회사를 그만두고 나서 한동안은 즐거웠다. 워킹맘으로 시간에 쫓겨 하지 못했던 일을 원 없이 할 수 있어서 너무 신났었다. 애들이 학원 간 사이에 영화도 보고, 친구도 만나고, 책도 보고,

느닷없이 친정 엄마를 보러 가기도 하고, 어느 날은 아무 생각 없이 멍하니 있기도 했다. 또 비 오는 어떤 날은 달콤한 낮잠을 즐기기도 했다. 하지만 두어 달이 지나고 나니 이 또한 무료해졌다. 그러다가 '돈을 들이지 않고 배울 수 있는 곳이 있을까?' 하는 생각이 들어 지자체에서 운영하는 평생 학습 프로그램을 검색하기 시작했다. '감성 코칭'이라는 강좌가 눈에 들어왔다. 매주 한 번씩 이루어지는 강좌였는데, '나를 살펴야 합니다.'라는 말이 마음에 와닿았다. 재미도 있고 무엇보다도 공짜로 이루어지는 강의라 마음이 가벼웠다.

'그 다음 강좌로 무엇을 들을까?' 하다가 우연히 시간이 맞아 듣게 된 강좌가 내 삶을 송두리째 흔들어 놓았다.

'하브루타'

'하브루타?' 회사 동료를 통해 얘기는 들어 봤던 교육(아이들에게 질문을 던지고 대화할 수 있는 정도)이었지만 평소 남편과 아이들과의 소통이 잘되고 있는 가정이라고 자부했던 터라 뭘 배우겠다는 생각보다는 '뭔지 들어나 보자' 하는 마음으로 강의를 접하게 되었다.

첫 강의 수강 후 많은 생각으로 혼란스러웠다. '그동안 내가 아이들과 나누었던 이야기들은 무엇일까?', '대화가 아닌 나의 일방적인 말을 대화라는 말로 포장하고 있었던 것은 아닐까?', '우리 아이들은 그동안 나와 나누었던 대화를 진정한 소통이라고 생각하고 있을까?' 등 나 자신을 돌아보는 시간이 많아졌다.

  하브루타 부모교육연구소의 김금선 소장님이 전하는 메시지가 큰 울림으로 다가왔다. 삼남매를 키우면서 겪었던 생생한 이야기를 들려주실 때마다 어떤 날은 안도를 하고, 또 어떤 날은 머리가 띵할 정도로 나 스스로를 자책하게 만들었다. 10주간의 강의를 들으면서 나만의 긍정 에너지로 지금의 나를 다듬어야겠다는 생각이 들었다.
  '지금까지 지나온 시간을 후회로만 끝낼 수는 없지. 앞으로 아이들과 보내는 시간이 훨씬 많잖아. 지금부터라도 배우고 실천하면 되는 거야.' 라는 생각에 무조건 받아들였다.

  조금씩 나아지기 시작했다. 나를 바로 보고 나니까 남편과 아이들을 바라보는 시각에도 여유가 생겼다. 한꺼번에 '확' 변화할 것이라는 자신감과 오만함이 힘들게 할 때도 있었지만 그때마다 나와 가족들에 대한 생각을 더 많이 알 수 있어 오히려 생각의 깊이와 넓이가 더욱 확장되었다. 처음엔 나의 변화를 이상한 시각으로 바라봤던 가족들도, 나중엔 '하브루타'의 매력에 푹 빠지게 되었다. 감정을 다스릴 줄 아는 스스로가 되어 가고 있었기 때문에 우리는 분명 달라지고 있었다.

  변화된 우리 가족의 모습을 보면서 그리고 앞으로 더욱 성장할 우리들의 모습을 그리면서 이 책을 쓰기 시작했다. 나와 같은 고민을 하고 있고, 이를 극복하기 위해 애쓰고 계실 또 다른 가족들에게 조금이나마 도움이 되고자 우리들의 이야기를 전해 주려고 한다.

 제1장은 각기 다른 우리 가족 구성원들의 성향을 분석해 보았는데 독자들도 자신의 가족들을 떠올리며 읽으면 도움이 될 듯하다. 제2장은 우리 집안의 가장인 남편을 이해하는 데 노력한 과정을 소개했다. 다 알고 있는 것 같기도 하지만 순간순간 당황하게 만드는 남편, 자세히 살펴보고 알아가는 과정을 통해 이해되는 부분이 점점 더 많아졌다. 제3장은 아이들의 이야기를 쓰면서 정리되지 않았던 과거의 감정들을 치유할 수 있게 되었던 사실과, 아이들을 오롯이 받아들이기 위해 노력한 일들을 기록했다. 제4장은 실제 '하브루타'를 실천한 사례를 자세히 들어 놓았다. 7개의 사례들을 통해 가족들과 즐겁게 대화할 수 있는 거리를 제공함으로써 실생활에 쉽게 적용할 수 있도록 하는 데 도움을 주고자 한다. 그리고 제5장은 가족 구성원들이 생각하는 '하브루타'에 대한 개념과 의미를 통해 그 중요성을 다시 한번 생각해 보았고, 그로 말미암아 희망찬 우리 가족의 미래 모습을 그릴 수 있게 되었음을 알리고자 한다.

 함께 부대끼며 '행복'이란 단어를 찾아 열심히 살아가고 있는 지극히 평범한 가족의 모습을 진솔하게 보여 주고 싶었다. 그리고 이 책을 읽는 독자들에게도 충분히 잘 해낼 수 있다는 희망을 얘기하고 싶었다.

'가화만사성(家和萬事成)'

집안이 화목하면 모든 일이 잘 이루어진다는 것을 뜻한다. 이 말의 소중함을 더욱 느끼게 하는 것이 '하브루타'를 통한 대화라고 생각한다. 내 생각만 고집하는 것이 아니라 '왜 그렇게 생각할까?', '저렇게 생각하는 이유는 무엇일까?'라는 질문을 나에게 먼저 던지고, 그것에 대한 생각을 하다 보면 조금씩 실마리가 보이기 시작한다.

진정한 소통을 원하는 여러분이라면 오늘부터 '하브루타'라는 단어를 가슴과 머릿속에 새겼으면 좋겠다.

지금도 '내가 궁금한 것이 있는데…'라고 하면 냉큼 다가와 질문을 듣기 위해 기다리고 있지는 않지만 그래도 나의 질문에 싫은 내색하지 않고 성심성의껏 답변해 주는 가족들이 있어 행복하다. 오늘도 난 이문세 님의 〈나는 행복한 사람〉을 흥얼거린다.

우리, 대화하고 있나요?

목차

들어가는 글 / 4

제1장. 달라도 너무 다른 우리 가족

1. 꼼꼼한 원칙쟁이 규범형 엄마 / 15
2. 철두철미한 꼼꼼맨 규범형 아빠 / 20
3. 깊은 생각보다 몸이 먼저 움직이는 행동형 큰아들 / 24
4. 풍부한 상상력과 호기심투성이인 탐구이상형 작은아들 / 28
5. 틀린 것이 아니라 다른 거래요 / 35
6. 구수한 청국장은 발효가 필요하다 / 40

제2장. 남의 편이 아닌 내 편

1. '1+1=1'이라고? 누가 그래? / 45
2. 'ㅇㅜㄱ'을 '욱'이라 쓰고 '욱'이라고 읽는다 / 50
3. 대한민국에서 장남으로 살아가기 / 55
4. 동상이몽 / 60
5. '아메리카노'를 좋아하지만 '라떼'를 외치는 남자 / 64
6. 무한 신뢰 / 72
7. 목표와 목적이 있는 삶 / 81

제3장. 소유물이 아닌 존중받는 아이들

1. 오롯이 인정하기 / 89
2. 무너진 감정 다시 채우기 / 95
3. 무모한 도전? 꿈을 향한 질주? / 100
4. 혼자서도 할 수 있어요 / 105
5. 사과하는 부모 / 111
6. 아들아, 넌 계획이라는 게 있구나! / 117
7. 다시 쓰는 비전 설계서 / 123

제4장. 한 층 한 층 공든 탑 쌓기

1. 82년생 김지영 (영화 하브루타) / 134
2. 지소미아 (시사 하브루타) / 140
3. 물 만난 물고기 (독서 하브루타) / 145
4. 모나리자 (그림 하브루타) / 151
5. 할아버지, 할머니 건강하세요 (일상 하브루타) / 158
6. 제주도, 혼자 옵서예 (여행 하브루타) / 165
7. 칭찬 편지 쓰기 (칭찬 하브루타) / 172

제5장. 매일 성장하는 나와 우리 가족

1. 기상 미션 확언 쓰기 / 182
2. 가족 워크숍 / 186
3. 물어볼 거 있는데 / 197
4. 내 성장의 동반자 / 203
5. 툭 던지는 하브루타 / 209
6. 은근슬쩍 살며시 / 214
7. 더도 덜도 말고 지금처럼만 / 219

마치는 글 – 기대되는 노후 / 225

제1장

달라도 너무 다른 우리 가족

일일 드라마나 주말 드라마에 단골로 등장하는 신이 있다면 '유전자 검사를 했는데 99.999%로 친자가 확실합니다.'라는 장면일 것이다. 우리 가족에게는 그런 드라마틱한 일이 일어날 리 만무하겠지만 종종 아이들을 보면서 "쟤는 내가 낳은 애 맞아? 누구 닮아서 저래? 당신 닮아 그런 거 아냐?" 하는 말을 '툭' 뱉어 내기도 한다. 기쁜 일일 때도 그렇지만 화가 난 일이 있을 때는 더욱 큰 소리로 악다구니를 쓴다. 언제나 내가 하는 일은 옳고, 내가 하는 행동은 지극히 모범 답안이라고 생각하는 '착각' 때문에 벌어지는 갈등이 너무나 많다. 그렇다면 왜 이런 갈등이 생기는 것일까? 그건 아마도 각자의 성격과 기질이 달라서일 것이다. 수많은 학자들의 연구 논문을 통해 발표된 자료를 보면, 성격을 제대로 알아야 그 갈등이 최소화되고 각각의 성격 유형에 따른 학습 방식도 달라져야 한다고 말한다. 2018년에는 개개인의 성격 유형 파악에 다소 부정적인 과학계에서도 사람에게는 네 가지 유형의 성격이 있다는 연구 결과를 발표했는데, 그들은 평균형, 내성적형, 자기중심적형, 롤모델형으로 구분을 했다. 그러나 수십억이 넘는 사람들을 단 네 가지 유형으로 분류, 설명한다는 것은 그리 쉽지 않은 일이다. 성격 유형에 대한 관심을 갖고 있던 차에 지인이 한 권의 책을 추천해 주었다. 《성격을 알면 성적이 오른다(2004, 김만권)》, 책 제목에 더 이끌렸는지도 모른다. 책을 읽으면서 우리 가족을 한 명씩 대입시켜 보니 쉽게 이해가 되었다.

1. 꼼꼼한 원칙쟁이 규범형 엄마

규범형 엄마의 하루 일과 및 운동 시 계획표이다. 물론 누가 이렇게 하라고 정해 준 것은 아니다.

〈하루 일과표〉

시간	활동
06:50	기상 및 아침 식사 준비
07:10	아침 식사 시작
07:50	설거지 끝, 이후 출근 준비
08:20	집을 나섬
09:30	업무 시작
18:30	퇴근
19:30	집 도착 후 저녁 식사
20:00	설거지 이후 TV 시청 또는 독서
23:30~24:00	씻고 취침

〈휘트니스 센터 운동 시〉

5분	맨손 체조 및 스트레칭하기
5분	러닝머신 레벨 5로 걷기
10분	러닝머신 레벨 6으로 걷기
5분	러닝머신 레벨 6.5로 빠르게 걷기
5분	러닝머신 레벨 6으로 걷기
5분	러닝머신 레벨 5로 걷기
20분	기구 운동하기 (다리 근육 강화, 팔 근육 강화, 윗몸일으키기, 옆구리 살 빼기 운동)
5분	스트레칭하기 (어깨, 다리, 허리)
20분	다시 러닝머신 걷기 (위처럼 시간 분배하기)
3분	덜덜이로 근육 풀어 주기
3분	발 마사지하기
	물 한 잔 마시고 마무리하기

무엇을 하던 시간이 항상 머릿속에 자리를 잡는다. 때로는 '시간에 자유롭고 싶다.'는 생각을 하며 일탈을 해 보기도 하지만 오히려 마음이 불편하고 어색하다. 그래서 다시 제자리로 돌아간다.

▶ 규범형은 이렇게 사는 것이 제일 편하대요

규범형의 첫 번째 특징은 성실하며 책임감이 강하다는 것이다. 자신이 맡은 일은 끝까지 완료해야 하는 성격 탓에 치밀한 계획하에 하루를 시작한다. 그리고 각 과정마다 자신의 행동을 살피고 혹 부족한 점이 있다면 자기반성을 통해 바로잡으려고 애를 쓴다.

두 번째 특징은 무슨 일이든 일정한 규칙과 원칙을 중시한다는 것이다. 이들은 명확하게 주어져 있는 일상의 업무는 무리 없이 진행하는데, 끊임없이 바뀌고 변화하는 상황에서는 대처할 수 있는 능력이 부족하여 많이 당황스러워한다. 어떤 과제든 자기만의 방식으로 해석하고 명료화되었을 때 안정적으로 추진하게 된다.

세 번째 특징은 기억력이 뛰어나다는 것이다. 아주 오래전 기억들을 끄집어내서 주변 사람들을 당황하게 만드는 경우도 있다. 매사에 조직적이고 체계적이며 계획에 따라 일을 수행하기 때문에 일을 처리하거나 공부할 때 시간이 걸리기도 하지만 확실히 한 번 익힌 지식은 좀처럼 잊어버리지 않는다. 이때 여러 가지 일을 한꺼번에 처리하는 것보다 한 가지씩 차근차근 업무를 수행할 때 더 좋은 결과물을 얻을 수 있다.

네 번째 특징은 상처를 깊이 간직한다는 것이다. 자신이 하는 일은 언제나 완벽하기를 바라며 조그만 실수도 용납하지 않는 편이다. 그 과정상에 혹 실수한 일로 지적을 받으면 큰 상처를 받게 되고 오랫동안 머리와 가슴속에 묻어 놓는다.

다섯 번째 특징은 칭찬과 존중으로 폭풍 성장을 한다는 것이다. 무조건적인 칭찬이 아니라 자기가 한 일에 대해 진정성 있는 평가를 받으면 성장의 속도가 급상승 곡선을 그린다. 결과물에 대해 한꺼번에 하는 칭찬보다 과정마다 칭찬을 해 주면 더욱 좋아한다.

규범형 아이라면 어떤 성향을 보이는지 알아보도록 하자.
만약 며칠 후 경주로 현장학습을 가는 아이의 경우라면 어떻게 행동할까?
담임선생님이 가정통신문을 아이에게 주며 "부모님께 꼭 전달해야 해."라는 당부의 말씀을 하셨다고 하자. 규범형 아이는 집에 들어가자마자, 혹은 엄마가 퇴근하고 오자마자 그 유인물을 들고 쪼르르 달려온다.
"엄마, 우리 ○월 ○일 날 경주로 현장학습을 간대. 근데 그때 준비할 게 있어."
"뭔데?"
"응, 도시락은 일회용 용기가 아니라 먹고 다시 가져갈 수 있는 것으로 준비하고, 일인용 돗자리는 꼭 내 이름을 적어서 넣어 주어야 하고, 또 멀미가 날 수도 있으니 멀미약은 출발 30분 전에 먹어야 한대. 알았지?" 하며 당부하고 또 당부를 한다.

▶ 고3 아들 건강과 마음 살피기

현관문을 열고 거실에 들어서면 텔레비전 앞에 A4 용지가 붙어 있다. 엄마가 학교 갔다 온 작은아들에게 보내는 마음이다. 반가이 맞이해 주는 날도 있지만 피치 못할 외출이 있는 날은 이렇게 메모를 남겼다.

'상진아! 엄마가 일이 있어서 나갔다 와야 해(6시 전에 와). 냉장고에 있는 햄버거랑 우유 먹고 독서실 가서 공부해. 그리고 저녁 먹으러 언제 올 건지 여기에 적어 놔. 저녁 먹을 시간: ○○시 ○○분, 엄마가.'

'상진아! 비는 잘 피해서 왔어? 엄마가 불고기 해 놓았어. 냉장고에 깻잎 씻어 놓은 거 있으니까 같이 먹어. 과일도 먹고. 열심히 공부하고 와. 울 아들 멋져 부러. I love you.'

'아들! 엄마 강의가 있어서 나가. 안산에서 4시 30분에 끝나서 정리하고 집에 오면 6시쯤 될 거 같아. (저녁은 같이 먹을 수 있을 듯) 카드는 식탁에 올려놓았어. 책 사서 진짜 열심히 공부하셔. 아이스크림이 하얀 냉장고 냉동실에 있으니까 찾아봐~~~ 사랑해 아들. 엄마가.'

'사랑하는 막둥이! 학교 잘 다녀왔어? 오늘 일찍 일어났는데 학교에 가서 괜찮았는지 궁금하네. 오늘부터 적응하는 기간이니까 졸리더라도 자면 안 돼. 옷 갈아입고서 독서실 가고. 엄마는 ○○구청 들렀다가 ○○대학교로 강의 가. 끝나는 시간이 7시라 마치고 집에 오면 8시 30분쯤. 저녁 먹고 독서실 가고 알았지? 열공하고 와. (눈에 피 안 나게 ㅋㅋㅋ) 엄마 갔다 올게♥'

참고로, 고3 수험생은 수능일 시험 시간과 같은 컨디션을 만들기 위해 한 달 전부터 그 시간표대로 등교한다.

고3이란 시기는 무엇인가를 해 주는 것이 아니라 묵묵히 응원을 보내면 된다고 했다. 이 메모가 조금은 마음의 안정을 주었으리라 살짝 기대해 보며 굵은 매직으로 한 글자, 한 글자 정성스레 새겨 나갔다.

2. 철두철미한 꼼꼼맨 규범형 아빠

"여보, 애들이 둘 다 군대 가니까 맘이 좀 허하네. 우리 2박 3일 여행이나 다녀올까?"

"그래요. 우리 이번엔 차를 갖고 가지 말고, 기차도 타고, 버스도 타고, 뚜벅이도 해 봐요."

며칠 후,

"여보, 잠깐 앉아 봐. 우리 여행할 곳을 정리했거든."

엑셀 자료에 가지런히 앉혀 있는 2박 3일의 여행지는 부산이다. 이제 난 날짜에 맞게 가방만 싸면 된다.

날짜/시간		구분	비고
1일차	07:46~10:02	이동(광명→부산)	KTX111, 11호차 10C/D. 기차에서 간단 조식(빵, 김밥)
	10:10~10:40	지하철 이동 (부산역→범일역)	부산역10번 출구로 이동→ 지하철(부산역→범일역)
		브런치(대박집)	남구 문현 금융로 24-6(물회)
	13:00~13:50	지하철 이동 (부산은행역→해운대역)	해운대역 7번 출구 이용. 600m 걸어서 호텔 호실 배정
	14:00~16:00	해운대해수욕장	해수욕 즐기기
	16:00~17:30	토요코인해운대 11 체크인 (16시~22시까지 가능) →도보이동(기와집대구탕)	T) 051-741-1045 예약번호: 7282997311493 1.8km 해운대 해변 따라 걷기
	18:00~19:00	석식(기와집대구탕) or 랍스타	달맞이 고개
	19:00~22:00	해운대 달맞이 고개	산책 및 갤러리 카페에서 차 한잔
		해운대 밤바다 즐기기	해운대 포장마차 촌

날짜/시간		구분	비고
2일차	08:00~09:00	호텔 조식	
	09:00~10:00	버스 이동(해운대도시철도역→해동 용궁사)	버스 50분 (해운대구 9, 181번, 100번)
	10:00~12:30	해동 용궁사	부산 관광지 명소
		도보 이동(양산왕 돼지국밥)	1km 롯데프리미엄 아울렛
	13:00~13:30	중식(양산왕 돼지국밥)	롯데프리미엄 아울렛 내 위치 (부산 해운대구 재반로 70)
	13:30~14:30	버스 이동 (동부관광단지→광안리)	버스 100번(동부산 관광 단지)→ 스펀지정류장→38번 버스
	14:30~20:00	광안리 해수욕 및 야경 즐기기	수변공원에서 회 먹으면서 야경 보기
	20:00~21:00	택시 이동(호텔)	택시(5천 원)

날짜/시간		구분	비고
3일차	08:00~10:00	호텔 조식 및 체크아웃	호텔 체크아웃(10시까지)
	10:00~11:30	버스 이동 (해운대해수욕장→태종대)	1003버스 (문현 교차로역까지 11개역 이동) →101버스(태종대 29개)
	12:00~13:00	중식(자갈치생선구이)	부산 영도구 태종로 834
	13:00~16:30	태종대	다비누 열차 이용
	16:30~17:20	버스 이동 (차고지→국제시장)	8번(차고지→부평시장) →국제시장까지 330m 걷기
	17:20~20:00	국제시장, 깡통시장, 용두산 공원	이가네 떡볶이(대한민국 3대 떡볶이), 비빔당면, 씨앗호떡
		석식(원조 밀면)	중구 중구로 31-1
	20:00~20:20	택시 이동 (원조 밀면→부산역)	택시
	20:45~23:32	이동 KTX(부산→광명)	KTX262 13호차 4C/D

이 빡빡한 스케줄을 보고 어떤 이는 '이렇게 여행을 한다고? 여유가 너무 없잖아.'라고 할 수도 있지만 익숙해지면 그리 힘든 여행은 아니다. 이 자료를 만들기 위해 며칠 동안 짬짬이 지도를 보고 최단 동선을 파악하고 맛집을 검색하고 애를 썼을 것이다. 그 애씀을 알기에 고마운 마음에 여행을 할 수 있었고 남편 가이드 여행에 만족을 느꼈다.

▶ 같이 있는 시간 맘껏 즐기기

우리 가족은 국립자연휴양림 여행을 즐겨 했다. 아이들이 어렸을 때부터 고등학생이 될 때까지 스무 곳을 넘게 다녔다. 아이들과 신나게 비료 포대 눈썰매를 타기도 하고, 자전거를 타고 수확이 끝난 논두렁을 달리다 고꾸라지기도 하고, 물수제비를 너무 열심히 떠서 그다음 날 어깨 통증을 유발하기도 하고, 늦은 밤 엄마가 허락하지 않았던 라면을 끓여 먹으며 '낄낄' 웃기도 하고, 귀를 쫑긋 세우며 엄마 아빠의 어린 시절 이야기를 듣기도 하고, 아빠가 구워 준 목살 덩어리를 상추에 싸 먹으며 '새로 나온 햄버거'라며 입 안 가득 밀어 넣기도 했다. 지금도 우리 아이들은 다 함께 움직이는 것을 좋아한다. "우리 이번 여름에는 어디로 놀러가?"라는 말이 자연스럽게 나온다. 아빠의 여행 스케줄을 전적으로 신임하기 때문에 조금의 갈등도 없다.

이제는 성인이 된 아이들과 식사를 할 때 술 한잔 기울이는 것도 또 다른 행복이다. 단체 채팅방에 "우리 오늘, 밥 같이 먹을까?" 하는 문자가 올라오면 "좋죠", "ㅇㅋㅇㅋ", "넵" 하고 후다닥 댓글을 단다. 먹고 싶은 메뉴를 선정하면 아빠는 맛집을 검색해 URL 주소를 보내 준다. 우린 시간에 맞춰 모이면 된다. 이런저런 이야기를 하며 추억 더듬기 놀이를 한다. 웃고 떠들다 보면 시간이 훌쩍 지나고, 집으로 돌아온 세 남자는 냉장고에 있는 캔 맥주를 꺼낸다. 거기다가 상시 대기 '마른안주.' 다음 날 일정이 있다면 가볍게, 그렇지 않다면 무겁게 우리들은 분위기에 흠뻑 빠진다. 물론 "여기까지입니다."를 외치는 사람은 엄마다. 술은 묘한 녀석이라 몸속에 너무 많이 들어가면 사람의 냉철한 판단과 선택을 마비시키고 제어가 잘 안 되기 때문이다.

3. 깊은 생각보다 몸이 먼저 움직이는 행동형 큰아들

골프를 좋아하는 남편의 이야기다. "이 세상에서 내 맘대로 안 되는 것이 딱 두 가지가 있는데, 그건 골프공이랑 자식이더라고." 정말 그렇다. 아이들이 성장할수록 그들의 마음 읽어 내기가 그리 쉽지만은 않다. 잘 아는 것 같다가도 '진짜?'라고 놀라는 경우도 부지기수다.

큰아들이 고등학교 1학년 때였던 것 같다. 그날은 다른 날보다 훨씬 가벼운 발걸음으로 집에 들어왔다. 어깨도 한껏 올라가고 '흥얼흥얼' 콧노래를 부르기도 했다.

"아들, 오늘 무슨 일 있어?" 저녁 밥상을 차리며 묻는다.

"뭐 그리 대단한 일은 아닌데 나 회장 되었어. 늘 하던 거잖아." 이런다. 초등학교 6년, 중학교 3년 내내 회장 타이틀을 거머쥐었었다. 고등학교에 가면 좀 얌전히 공부 좀 한다고 하더니 그 리더 기질은 못 버리나 싶었다.

"회장 선거 한다는 얘기 안 했었잖아?"

"에이, 그냥 하는 거지 뭐."

"그래서 어떻게 얘기를 했는데, 잘할 수 있으니 뽑아 달라고 했어?"

"엄마, 요즘 그런 시대는 갔어. 내가 좀 폼 나게 했지. 일단 교탁에 올라가서 친구들을 보고 '박수'라고 외쳤어. 그랬더니 애들이 영문도 모르고 박수를 막 치더라고."

"그래서?"

"그다음엔 손으로 딱 제재를 했지. 그랬더니 애들이 박수를 멈추더라고, 그때 한마디 했어. '여러분, 이런 것이 리더십입니다. 전 이렇게 여러분의 마음을 움직일 수 있습니다.'라고."

"그래서 애들이 널 뽑은 거야?"

"그럼. 이렇게 카리스마 넘치는 사람이 당연 회장이 되어야 한다고 생각한 거겠지."

"오~ 진짜 대단한 걸. 축하해."

그다음 날 아들은 학교 내 스타가 되었다. 명물 하나가 들어왔다고.

▶ 행동형은 럭비공처럼 어디로 튈지 몰라요

행동형의 첫 번째 특징은 활발하고 거침이 없다는 것이다. 규칙이나 원칙을 중시하는 규범형과 달리, 행동형들은 이것을 깨 버리는 것이 삶을 지루하지 않게 만든다고 생각한다. 한 가지 일을 진득하게 하지는 못하지만 어떤 상황이든 일의 핵심을 미리 파악하고 먼저 행동으로 옮기는 것은 잘한다.

두 번째 특징은 창의력이 뛰어나고 머리가 좋기 때문에 두뇌 회전이 잘되고 순발력도 뛰어나다는 것이다. 규범형이 천천히 곱씹어 생각하는 유형이라면, 행동형은 빨리 판단하고 후다닥 일을 해치워 버린다. 특히 즐거운 일이거나 관심을 끄는 소재가 생기면 거기에 정신이 팔려 다른 일은 손에 잡히지도 않는다.

세 번째 특징은 매우 솔직하다는 것이다. 그래서 자기의 감정을 상대방에게 쉽게 들키고 만다. 친구를 사귈 때도 가식적으로 대하는 것을 어려워하며 '툭 터놓고 이야기하자.'라는 말을 입에 달고 다닌다. 생각을 표현함에 있어서도 직설적이며 화끈하게 한다.

네 번째 특징으로는 스케일이 크다는 것이다. 뭐든지 큰 것, 높은 것, 좋은 것에 마음이 끌린다. 꿈 역시 스케일이 남다르다. 그런데 높은 꿈에 비해 노력하는 모습은 그리 많이 보이지 않는다. 하고 싶은 일은 반드시 해야 하고, 갖고 싶은 것이 있으면 반드시 가져야 직성이 풀리는 유형이다.

다섯 번째 특징은 의리를 중시한다는 것이다. 어떤 아이들은 가족보다 친구 간의 의리를 더 중요하게 생각하기도 한다. 불합리한 상황을 보거나 본인이 그런 상황을 대면하게 되면 반드시 시시비비를 가리려고 한다. 불의를 못 참고 정의롭게 행동하는 '투사'의 기질을 갖고 있기 때문에 정의로운 세상으로 변화시키는 일을 본인의 임무처럼 여기기도 한다.

만약 규범형에서 예를 들었던 것처럼, 며칠 후 경주로 현장학습을 가는 경우라면 아이는 어떻게 행동할까?

담임선생님이 가정통신문을 아이에게 주며 "부모님께 꼭 전달해야 해."라는 당부의 말씀을 하셨다. 행동형 아이는 선생님의 말씀을 듣는 둥 마는 둥 일단, 유인물을 가방 깊숙이 쑤셔 넣는다. 그리고 며칠이 지난다.

"아들, ○○엄마가 그러는데 너희 경주로 현장학습 간다고 그러더라. 선생님이 통신문도 주셨다는데. 어디 있어?"

그제야 행동형 아이는 가방 밑바닥에 '꼬깃꼬깃' 구겨져 있는 유인물을 들고 나온다.

"이건가? 이거네." 그러면서 말이다.

이런 상황이 되면 머리를 콕 한 대 쥐어박고 싶은 심정이다.

"아니, 왜 엄마한테 말도 안 해? 너 그날 도시락 안 싸 준다." 이렇게 엄포를 놓지만 이런 일은 비일비재하다. 종종 옆집 엄마를 통해 학교나 친구의 정보를 듣곤 한다.

시간이 지나면서 규범형 성향이 '스멀스멀' 올라오기도 하지만 결정적인 순간에는 영락없는 행동형 큰아들이다.

4. 풍부한 상상력과 호기심투성이인 탐구이상형 작은아들

"여보, 상진이가 없어졌어요! 당신이 줄 서 있으라고 해서 줄곧 여기에 있었는데 갑자기 없어졌어요!" 잠깐 화장실에 다녀온 신랑을 붙잡고 울부짖듯이 이야기를 쏟아 냈다.

"무슨 소리야! 규진아, 너 동생 못 봤어?"

"응. 아까까진 같이 있었는데 어디 갔는지 잘 모르겠어."

놀이공원에 갔다가 혼비백산이 된 우리 가족은 아이를 찾아 한참을 돌아다녔다. '낯선 곳이라 아이 혼자 어디 갔을 리는 없는데 혹시 누가 데려간 거 아니야?' 별의별 생각이 들고 식은땀이 흐르기 시작했다.

얼마나 시간이 지났을까? 우리가 서 있던 바로 옆에 아이가 태연하게 서 있는 것이다.

"너 어디 갔다 왔어? 우리가 얼마나 찾았는데. 다친 데는 없어?" 하며 아이를 다그치기 시작했다.

"응, 엄마. 아까 내가 아이스크림을 먹다가 떨어뜨렸는데 개미가 막 모이더라고. 그래서 군데군데 더 흘려 봤지. 그랬더니 개미가 계속해서 오더라. 그래서 저기까지 갔다 왔어."

"으이구, 다음부터는 엄마랑 형아 손 꼭 잡고 있어야 해, 알았지?"

이때가 네다섯 살 정도 된 듯하다.

한 번 본인의 관심사에 들어오면 시간 가는 줄도 모르고 관찰한다.

▶ 호기심 가득한 탐구형

탐구형은 호기심으로 똘똘 뭉쳐 있는 수수께끼 같은 성격의 유형이다. 아마도 우리가 많이 알고 있는 과학자들이 전형적인 탐구형이라고 말할 수 있을 것이다. 그들은 어떤 특징을 지닌 채 살아가고 있을까?

첫 번째 특징은 알고 싶어 하는 게 너무나 많다는 것이다. 일단 궁금한 것이 생기면 그것이 해결되기 전까지 그 생각이 머릿속을 떠나지 않는다. 그래서 주변 사람들에게 끊임없이 질문을 하기도 한다. 특히 탐구형 아이가 선생님에게 질문을 퍼부으면 성심성의껏 잘 대답해 주시던 선생님도 때로는 쓸데없는 소리를 한다고 면박을 주거나 윽박을 지르기도 하고, 심한 경우 부모님 호출을 감행하기도 한다.

두 번째 특징은 생각이 끝없이 펼쳐지고 관심 분야를 깊이 생각한다. 꼬리에 꼬리를 무는 질문을 반복하며 스스로 그 해답을 찾아내려고 애를 쓰다 보니 더 많이 생각하고 고민하게 된다. 그리고 자신의 관점이 뚜렷하기 때문에 의견 대립이 있거나 서로의 생각을 공유해야 할 때, 자신의 생각이나 의견을 표현하지 않고 다른 사람의 생각이나 주장을 그대로 받아들이는 경향이 있다. 그 주장에 동의를 하는 것이 아니라 다른 사람들과 싸우는 것 자체가 귀찮아서 자기의 생각을 내놓지 않는 것이다.

세 번째 특징은 좋아하는 일에 푹 빠진다는 것이다. 관심 있는 주제나 활동에 적극적으로 참여하기 때문에 좋아하는 것과 싫어하는 것의 구별이 확실하다. 그래서 문제가 풀리지 않으면 풀릴 때까지 물고 늘어지는 근성과 뚝심이 대단하다. 그 문제가 해결되거나 관심 분야에 대한 지식이 어느 정도 수준에 도달했다고 생각되면 미련 없이 다른 활동을 찾아간다.

네 번째 특징은 멀티플레이형으로 동시에 여러 가지 일을 처리한다는 것이다. 책상 위는 항상 다양한 책들이 쌓여 있다. 교과서나 문제집을 보다가도 만화책을 보기도 하고, 과학 공부를 하다가도 제시되는 단어에 따라 역사책을 펼쳐보기도 한다. '한 가지나 똑바로 해!' 이런 말은 탐구형들이 그리 좋아하는 단어가 아니다.

다섯 번째 특징은 주변 사람들에게 조금은 무관심하다는 것이다. 자신의 감정을 잘 드러내지도 않지만 다른 사람의 감정을 제대로 알아차리지 못해 때론 주변 사람들의 기분을 상하게 만드는 경우도 있다. 친구들과 대화를 할 때도 잘못한 점이 있으면 때와 장소를 가리지 않고 지적을 하는 편이다. 다른 사람들에게 외면을 당하거나 거절을 당하는 경우가 있어도 본인은 외톨이라고 생각하지 않는다. 그냥 생각이 다른 사람들이라 본인이 그들과 함께하는 것이 아니라고 생각할 뿐이다.

경주로 현장학습을 가는 아이는 언제, 어디로 가느냐의 중요성보다는 더 중요한 다른 관심사가 있다.

'그곳에 가면 무엇을 볼 수 있을까?', '어떤 신나는 관찰거리가 있을까?' 등이다. 곤충에 관심이 많은 아이라면 첨성대, 석가탑, 다보탑을 설명하는 선생님의 말보다는 그 주변에 있는 개미, 벌, 나비가 눈에 들어올 것이다. 그래서 집에 돌아와 엄마에게 이야기를 할 때도 자신이 관찰한 내용들에 대해 열변을 토할 것이다. 엄마가 "첨성대가 뭔지 알아?"라는 질문을 하면 "선생님이 설명해 주시긴 한 것 같은데 뭐라고 하셨더라?" 하며 머리를 긁적거릴 것이다.

▶ 인간관계를 중시하는 상상쟁이 이상형

용돈 문제로 초등학생 아들들과 협상이 있었다. 그 당시 아이들은 필요할 때만 돈을 달라고 했고, 그때마다 '시시콜콜' 이유를 물으며 돈을 줬더니 적잖은 불만이 생긴 것이다.

"엄마, 우리들도 아빠처럼 한 달 용돈을 줬으면 좋겠어. 친구들이랑 집에 오는 길에 갑자기 떡볶이를 먹거나 문방구에 갈 일이 있는데 우린 맨날 보고만 있어."

"그랬어? 진작 얘기하지. 그럼 어떻게 하면 될까? 얼마씩?"

"난 형이니까 일주일에 2천 원씩 8천 원을 주고, 상진이는 5천 원이면 될 거 같은데?"

"그래? 상진이 네 생각은? 형 말대로 5천 원에 대한 불만은 없어?"

"웅, 난 별로 돈 쓸 일이 없는 거 같은데. 5천 원으로도 가능할 거 같아."

"알았어. 이번 달부터 그렇게 하기로 하자. 근데 너희들도 해야 할 일이 있어. 용돈 기입장을 써 보는 거야. 그래야 자기가 어떤 일에 돈을 많이 쓰는지 알아볼 수 있거든. 엄마가 그걸 보고 용돈이 부족하다 싶으면 올려 줄게. 할 수 있겠지?"

"네!" 두 아들은 큰 목소리로 대답을 했다.

2주 정도 지난 후에 아이들에게 용돈 기입장을 보여 달라고 했다. 어떻게 돈을 쓰고 있는지 너무나 궁금했기 때문이다. 큰아들은 돈을 주차별로 분배해서 나름대로 잘 쓰고 있었다. 그런데 둘째 아들은 용돈을 준 지 3일 정도 지난 시점부터는 기록물이 하나도 없었다. 매일매일 돈 쓴 내역을 적는 것이 귀찮아서 그런 것 같았다.

"상진아, 지난번에 형이랑 엄마한테 용돈 기입장을 쓰기로 했던 거 기억나지?"

"응."

"그런데 왜 3일 동안만 기록을 하고 그 다음은 없어?"

"더 쓸 내용이 없는데."

"왜?"

"돈을 다 써서 더 이상 안 써도 되거든."

"한 달 용돈을 3일 만에 다 썼어?"

"응. 첫날은 학교 짝꿍이랑 슈퍼에 가서 과자 사 먹고, 둘째 날은 영어 학원 짝꿍이랑 음료수 사 먹고, 셋째 날은 친구랑 문방구 가서 딱지 사 줬지. 그랬더니 돈이 없더라고."

"뭐? 그럼 다음 달 용돈을 받기 전까지 어떻게 하려고?"

"그냥 지내면 되지 뭐." 이런다.

그래서 나머지 기간을 어떻게 보내나 지켜봤더니 정말 별문제 없이 지내는 것이다. 용돈으로 경제관념을 심어 주려던 야심 찬 계획은 물거품이 되어 버렸다.

그다음에 찾은 방법은 용돈을 주급으로 주는 것이었다. 그러나 주급형 용돈을 주든, 월급형 용돈을 주든 그 상황은 크게 변하지 않았다.

이렇게 자신보다 다른 사람을 먼저 생각하고 살피는 이상형의 성격 유형은 어떤 특징이 있을까?

첫 번째 특징은 진정한 인간관계를 추구한다는 것이다. 이들은 사람들과 더불어 살아가야 하는 성격의 소유자들이기 때문에 주변 사람들과 친하게 지낸다. 만약 자신은 상대방에 대해 호의적인데 상대방이 자기의 마음을 받아 주지 않거나 자기의 행동이 다른 사람들에게 거절을 당했을 때 심한 충격을 받는다.

두 번째 특징은 마음이 여리고 따뜻하다는 것이다. 사람들과의 관계가 원활하지 못할 때 자연이나 사물과도 교감을 나눌 정도로 마음이 여리다. 그러면서도 늘 누군가와의 좋은 관계를 맺고 싶어 한다.

세 번째 특징은 근본적으로 비경쟁적이라는 것이다. 상대방의 기분에 대해서 지나칠 정도로 민감한 편이다. 그래서 자신이 승리한 순간에도 패배한 사람의 마음을 생각하기 때문에 가슴 아파한다. 만약 동생이 태어나 자기가 부모님의 관심 밖으로 밀려났을 때는 자신이 부모로부터 거부당하고 있거나 소홀한 대접을 받고 있다고 오해할 수도 있다.

네 번째 특징은 끊임없이 감상에 빠진다는 것이다. 상상력이 풍부하고 끊임없이 자아실현을 추구하기 때문에 옛날이야기에 등장하는 인물들과 자기 자신을 동일시하는 경우도 있다.

다섯 번째는 상대방을 용서하고 기다릴 줄 안다는 것이다. 이상형은 다른 사람의 감정은 잘 살피지만, 자신의 감정을 표현하는 데는 어려움을 겪는다. 화가 났을 때도 잘 표현하지 못하고 자기가 손해를 보아도 참고 기다리는 편이다. 그러면서도 자신에게 어떤 문제가 있는지 상처를 풀어낼 방법에 대해서는 제대로 알지 못한다. 자기감정에 대해서도 관심을 갖는 것이 필요하다.

경주로 현장학습을 가야 하는 이상형 아이는 무엇부터 생각할까?
선생님이 주신 유인물을 가방에 넣으면서 '버스 타고 멀리 가는데 누구랑 짝꿍을 할까? 무슨 얘기를 하고 갈까? 내 짝은 어떤 간식을 좋아할까?'가 주를 이룬다.

대부분의 이상형은 사람들의 마음을 끄는 매력을 지니고 있다. 마음이 여리고 착할뿐더러 다른 사람들로부터 인정받고 사랑받기를 원하기 때문에 상대방의 마음을 다치게 하는 행동을 하지 않는다. 자신의 마음을 살피는 것에도 충실했으면 하는 바람이다.

5. 틀린 것이 아니라 다른 거래요

작은아들이 휴가를 나와서 '양평'으로 1박 2일 여행을 하기로 했다. 물론 이번 여행의 기획과 집행은 남편 몫이다. 가방을 챙겨 들고 먼저 주차장에 내려가 미리 점검을 하고 가족들이 내려오기를 기다린다.

한참이 지나서 내려오는 우리 집 남자들.

"왜 이렇게 늦게 내려와? 뭐 빠진 건 없는 거 같은데?"

"요즘 애들은 유별나!" 하면서 남편이 짜증 섞인 목소리로 툭 내뱉는다.

"왜? 무슨 일인데?"

"비누로 세수하면 되는데, 폼 클렌징인가 뭔가 그거 땜에 다시 갖고 오느라 늦게 내려왔어. 남자 녀석들이 뭘 그렇게 외모에 신경을 쓰는지."

"요즘은 다들 그거 써. 비누보단 더 부드럽게 닦이잖아."

"언제부터 그랬는지 요즘 사람들은 참. 얼굴 닦는 거 따로, 머리 감는 거 따로, 몸 닦는 거 따로. 머리 나쁜 사람은 살기 힘들겠어."

"자 자 자, 모두 내려놓고 출발합시다요."

대학 입학 후 첫 여름방학을 맞이한 둘째아들.

"엄마, 이번 방학에 친구랑 2박 3일 내일로 기차 여행을 가기로 했어."

"그래? 누구? 호민이? 근데 내일로 기차 여행이 뭐야?"

"응. 대학생들이 자주 이용하는 여행 방법인데 만 25세 이하면 누구나 이용할 수 있는 기차를 타고 가는 자유 여행이야. 그래서 부산 갔다가 대구 들렀다 오려고."

"그래. 계획을 잘 잡고 가야겠네. 지난번 너 혼자 여행 갔을 때는 엄마가 불안하더라. 4박 5일 여행 중에 네가 적어 놓은 일정은 하루만 정해져 있었잖아."

"엄마, 여행은 계획 잡고 가는 것보다 즉흥적으로 즐기는 것도 나름 괜찮아. 일단 하루씩 계획을 잡아 보기로는 했어. 난 부산이고 호민이는 대구."

그렇게 작은아들은 여행을 다녀왔다.

"엄마, 이제 엄마가 왜 계획을 세우라는 건지 조금은 이해하겠어."

"왜 무슨 일 있었어?"

"난 '부산여행' 하면 꼭 가 봐야 한다는, 요즘 '핫'하다고 하는 여행지와 맛집을 검색해서 갔단 말이야. 물론 시간도 절약할 수 있게 동선을 체크해서 여행 일정을 잡았고. 근데 호민이는 아무 준비가 안 되어 있더라고. 그래서 중간에 살짝 트러블도 있었고. 내가 무작정 여행을 떠났을 때 엄마 맘이 어땠는지 조금은 알겠더라고."

"그래도 뭔가를 느낀 여행이었네. 다음엔 네가 세운 계획대로 가족여행을 가야겠다."

"큰 기대는 안 하는 게 나을 것 같아. 여행 준비는 아빠가 하는 걸로. 히힛."

우리는 나와 다른 생각을 가진 사람들을 보고 "넌 왜 그러냐?", "그 생각이 맞다고 생각해?", "참, 답답하네. 어쩜 이리 생각이 없을까?"라는 무자비한 말로 감정을 상하게 하는 경우가 종종 있다. 그런데 잠시만 숨을 고르고 생각해 보면 상대방의 생각이 결코 틀린 게 아니라 다른 것임을 알 수 있을 것이다. 하지만 자존심상 그것을 쉽게 인정하지는 않는다. 특히 부모는 아이들보다 먼저 세상을 경험해 보았다는 이유로 아이들과는 다르게 세상을 대면하고 있는 경우가 참 많다. 외모에 관심을 쏟으면 정작 자기 일은 제대로 하지 못한다는 둥, 무작정 떠나는 여행은 힘든 일이 찾아올 거라는 둥, 지나친 걱정과 근심으로 어른 스스로가 머리 아픔을 자초하기도 한다. 비누보다 폼 클렌징으로 세수하는 것이 어때서, 촘촘한 계획보다 즉흥적으로 즐기는 여행을 선호하는 것이 어때서.

그들이 경험을 통해 얻는 삶의 지혜가 더 필요함을 잘 알면서도 어른들은 늘 선수를 친다. 머릿속에 억지로 어른들의 지식과 지혜를 밀어 넣으려고 말이다.

▶ 아르바이트 선택 기준도 다르게

우리 집 아들들은 방학이 되면 용돈이 없다. 그래서 아르바이트를 반드시 해야 한다. 돈에 대한 소중함도 알고 노동의 대가도 알아야 한다는 취지로 대학에 들어가면서부터 우리 가족만의 규칙을 정해서 실시하는 중이다. 그런데 아르바이트를 구하는 아이들을 보면 그 성향이 여지없이 드러난다. 큰아들은 좀 더 흥미롭고 다채로운 일자리를 구한다. 중학생 과외를 하고, 식당에서 서빙을 하고, 공사장에서 일용직으로 근무하기도 하고, 관공서에서 운영하는 청소년수련원에서 조금은 특별한 아이들을 지도하기도 했다. 가장 놀랬던 아르바이트로는 돌잔치 사회를 보는 일이었다. '흥'이란 건 찾아보려야 찾아볼 수 없었던 아이가 신나는 노래에 맞춰 춤도 추고 그날의 주인공인 돌쟁이 아이를 잘 어르고 달래고 하는 것이었다. 그 모습은 정말 의외였다. 둘째 아들은 식당에서 서빙을 하고, 프랜차이즈 업체 주방에서 튀김을 담당하고, 택배 회사 물류 창고에서 물건 분류를 하고, 설날 시즌 가장 일손이 딸린다는 마트에서 과일을 팔기도 했다.

큰아들과 작은아들의 다른 점은 분명했다. '누구랑 같이 하냐'이다. 큰아들은 혼자 아르바이트를 했다면 작은아들은 친구들과 항상 같이 일했다. 그래서 아르바이트를 결정할 때까지 시간이 조금 더 소요된다. 다른 친구들과의 스케줄을 조정해야 하기 때문이다.

부모인 우리가 아르바이트를 선택할 때의 조건은 아이들과 달랐다. 가장 적은 노력을 들여 가장 많은 돈을 받을 수 있는, 좀 더 현실적인 것에 치중했다면 우리 아이들은 본인이 좋아하는 취향을 고려해 아르바이트 자리를 정했던 것이다. 물론 돈을 벌어서 부모님의 부담을 덜어드린다는 취지만큼은 같았다.

이런 다름 안에서 생겼던 갈등들, 좀 더 현명한 얘기라고 전달할라치면 그들에게는 그냥 잔소리였다.

'부모가 틀린 것이 아니라 다름을 인정할 때 아이는 비로소 바르게 성장할 수 있다.'는 이 말을 왜 시간이 지나서야 알아챌 수 있는 것일까?

우리 이제부터 좀 더 현명한 어른이 되어 보자.

아이들의 목소리에 귀를 기울이고 이유를 물어보자.

"네 생각은 어때?", "왜 그렇게 생각해?"

그 다음에 어른스러운 의견을 제시해 보도록 하자. 이때 내 의견과 맞지 않는다고 해서 화를 내거나 혹은 좌절해서는 안 된다. 서로의 생각 공유를 통해 좀 더 합리적인 해결 방법을 찾아가려고 애쓰는 것만으로도 성공한 것이라 생각해 보자.

6. 구수한 청국장은 발효가 필요하다

어린 시절, 겨울이 한창일 때의 일이다. 여지없이 그해도 아랫목에는 '알록달록' 화려한 무늬의 담요를 뒤집어쓴 소쿠리가 자리를 잡는다. 위풍이 심한 시골집이라 따스한 아랫목을 내어주니 샘이 나기도 하고 은근슬쩍 짜증이 올라오기도 한다.

"엄마, 이게 뭔데 이렇게 아랫목에 떡하니 앉아 있어? 배 깔고 엎드려 뒹굴뒹굴 해야 하는데 이것 땜에 불편하잖아."

"기다려 봐라. 나중에 이것 땜에 호사를 누릴 테니."

며칠이 지난다. 점점 '꾸리꾸리'한 냄새가 올라온다.

"엄마, 여기서 똥 냄새 같은 게 나. 썩은 거 아냐? 방에 있을 수가 없어."

그리고 또 며칠 후 엄마는 담요를 걷혀 소쿠리를 살핀다.

'찐득찐득'한 뭔가가 생겼는데 꼭 누가 토해 놓은 것 같다. 가느다란 실 같은 것이 콩과 콩을 연결하고 있다. 이제 콩들은 떨어지려야 떨어질 수가 없는 끈끈한 관계가 되었다.

친구들과 신나게 놀고 들어간 늦은 저녁 시간, 아궁이 속의 뚝배기에서는 보글보글 찌개가 끓고 있다. 여전히 냄새는 그 모양이다.

"왜 이렇게 늦어? 얼른 밥부터 먹어."

"엄마, 이 똥 냄새 나는 건 뭐야? 나 밥 안 먹어."

"일단 먹어 봐. 시원한 배추김치랑 먹어 보면 그런 얘기 못할 거다."

하시고는 구수한 서리태 콩밥에 찌개를 듬뿍 떠서 '슥슥' 비벼 놓으신다. 인상을 있는 대로 쓰고 밥 한 숟가락 겨우 떠서 입으로 슬쩍 들이민다.

"어?"

"어여 밥 한 숟가락 더 떠 봐." 그러고는 그 위에 배추김치를 냉큼 올려 주신다.

"이렇게 먹으면 더 맛있을걸?"

이런 맛을 꿀맛이라고 하나 보다. 그렇게 우리 가족은 긴긴 겨울밤을 그 청국장찌개와 함께했다. 구린내가 나는 그 시기를 견뎌 내지 못했더라면 이 구수함을 어찌 느낄 수 있었으랴?

▶ **다시 생각하는 줄탁동시(啐啄同時)**

닭이 알을 깔 때 알 속의 병아리가 껍질을 깨뜨리고 나오기 위하여 껍질 안에서 쪼는 것을 '줄'이라 하고, 어미 닭이 밖에서 쪼아 깨뜨리는 것을 '탁'이라 한다. 이 두 가지가 동시에 일어나야 하는데, 만약 급한 마음에 어미 닭이 미리 알을 쪼아 버리면 어떻게 될까? 아마도 병아리는 세상 밖으로 나오기 어렵게 될 것이다. 또한, 병아리가 밝은 빛을 보기 위해 애를 쓰고 있는데 어미닭이 나 몰라라 한다면 어떤 일이 벌어질까? 아마도 병아리는 알 속에서 힘든 씨름을 하다 자신의 한계를 느끼고 때론 포기하고 말았을지도 모른다.

부모와 자식 간에는 이런 '줄탁동시'의 마음이 필요하리라 생각한다. 부모는 미리 아이의 미래를 설계하고, 그 길로 끌고 가려는 욕심을 내려놓아야 한다. 아이가 충분히 생각하고 고민할 시간을 주어야 한다는 것이다.

예전에 큰아들이 했던 말들 중에, 마음속에 새겨진 말이 있었다.

"엄마, 난 학창 시절을 보내며 부모님과 참 많은 얘기를 했던 것 같아. 근데 딱 한 가지 아쉬운 점이 있었어. 내가 경찰관이 되고 싶다고 했을 때, 에어차이나 기장이 되고 싶다고 했을 때 엄마, 아빠는 그 일들의 어려운 점을 먼저 얘기해 주더라고. 물론 부모로서 걱정되는 맘이 커서 그런 거라고 생각했지만, 그 말을 듣고 나니 단점들이 점점 부각되면서 난 또 다른 꿈을 찾아 방황하게 되더라는 거지. 그때 좀 더 긍정적인 얘기를 먼저 해 주고 더 자세히 알아보라고 했으면 더 좋았을 거 같긴 해. 물론 내가 그만큼 그 꿈에 대한 절박함이 있었던 것이 아니기 때문에 꿈을 여러 번 수정하기도 했지만."

우리는 아이에게 좀 더 생각할 기회를 주지 못한 것에 대해 미안함을 느꼈다. 그들이 생각하는 미래의 모습이 우리와 결코 같을 수는 없다고 생각한다. 그들이 자신의 꿈을 찾고 더 나은 미래를 찾아가는 데 믿음을 전제로 기다려 주면 된다. 그리고 그들이 신호를 보냈을 때 우리는 날렵한 부리고 쪼아 주면 된다. 아마도 이 시기를 눈치채고 정확한 타이밍을 맞출 수 있는 것은 끊임없는 대화를 했을 때 비로소 눈에 들어올 것이다.

아이들에게 부탁하고 싶은 것은, 부모의 도움을 필요로 하는 '줄'의 시기가 되면 서슴없이 '탁'을 원한다는 신호를 보내 주었으면 하는 것이다. 그리고 부모는 언제든지 '탁'을 해 줄 수 있도록 미리미리 준비한 후 '줄'의 시기를 잘 살펴야 할 것이다. 제발 '줄'의 순간과 '탁'의 순간이 일치하기를 바랄 뿐이다.

제2장

남의 편이 아닌 내 편

결혼이라는 제도권 안에서 존재하는 남편과 아내, 그 의미를 검색해 보았다. '남편(男便)은 혼인 관계에 있는 두 사람 중 남성 쪽을 일컫는 호칭이며 부군(夫君; 지아비)이라고도 하며, 아내는 혼인 관계에서의 여성을 일컫는다. 처(妻) 또는 부인(婦人; 지어미)이라고도 한다.'고 명시되어 있다. 행복한 가정을 이루기 위해서는 남편과 아내의 역할이 조화를 잘 이루어야 할 것이다. 그러나 때론 각자의 목소리가 너무 커서 불협화음을 내기도 한다. 이때 아내 쪽에서 생각하는 남편은 '내 편이 아니라 남의 편'이 아닌가 하는 생각을 하게 된다. 물론 남편 입장에서도 마찬가지일 것이다. 25년이라는 시간을 함께한 우리 부부도 찰떡같은 호흡을 자랑하다가도 '내가 알던 그 사람 맞아?'라는 물음표를 던지는 경우가 종종 발생한다. 그런데 시간이 흐르고 나서 생각해 보면 참 어이없는 일로 서로를 오해하기도 하고, 심지어 왜 그랬는지 기억조차 나지 않기도 한다. 아마도 시간이 해결해 주었거나 서로를 조금 더 알아가고 있기 때문일지도 모른다. 또는 적절한 포기가 부부를 '둥글둥글'하게 만들었을지도 모른다.

우리는 100세 시대를 살아가고 있는, 아직은 청춘 부부이다. 앞으로의 순탄한 가정생활을 위해 잠시 상대방을 생각하는 시간을 가져보는 것도 도움이 될 듯하다. '지피지기면 백전백승'이라고 하지 않았던가? 이번 장은 싸워서 이기려고 하는 생각보다는, 남편을 좀 더 이해해 보려는 '기특한 생각'으로부터 출발되었다는 것을 널리 알리고자 한다.

1. '1+1=1'이라고? 누가 그래?

아이가 초등학교 다닐 때 있었던 일로 기억한다.

"엄마, '1+1'이 뭔지 알아?"

"그럼. 넌 뭐인 거 같아?"

"1."

"뭐라고? 1?"

"응. 수학 시간에는 2인데 슬기로운 생활 시간에는 1이 될 수 있대."

"그게 무슨 말이야? 왜 답이 1이 되는 건데?"

"물 한 방울이랑 물 한 방울을 더하면 물 한 방울이 되기 때문이래."

"아. 그렇게 생각할 수도 있겠네."

이 얘기를 듣고 있던 남편이 한마디 거든다.

"1+1=1이라고? 누가 그래? 그럼 레고는 수십, 수백 개의 1이 모여서 1이 되는 거네. 1+1=2야. 괜히 엉뚱한 생각하고 있다가 정말 1이라고 쓰면 어쩌려고 그래? 당신도 애들 헷갈리게 그렇게 말해 주면 안 되지."

남편은 전자계산학을 전공해서인지 인풋과 아웃풋의 결과는 일치해야 한다고 생각하며 흔히 우리가 말하는 다양한 해답도 분명한 정답이 있어야 한다고 생각하는 편이다.

신혼 초에 만두 라면을 끓여 준다며 남편이 가스레인지 앞에 서서 하는 말이다.

"여보, 라면 끓일 건데 만두 몇 개 넣을까?"
"서너 개 넣어요."
"세 개야, 네 개야? 정확히 말해 줘야지."

▶ 인과관계가 분명해야 하는 사람

인과관계란 '일반적으로 어떤 사실과 다른 사실 사이의 원인과 결과 관계'를 뜻하는 말이다. 우리나라 속담 중에 '콩 심은 데 콩 나고 팥 심은 데 팥 난다.'는 말이 좋은 예시가 아닐까 싶다. 남편은 좋은 성적을 얻기 위해서는 반드시 다른 사람보다 더 많은 노력이 필요하다고 믿는 사람, 그날의 신체 컨디션이나 시험장 환경에 따라 '들쭉날쭉'한 성적은 핑계라고 여기는 사람이다. 지연·학연으로 연결되는 직장보다는 자신의 노력으로 들어가는 직장이 곧 자신의 실력이라는. 물론 행운도 노력하는 사람에게 찾아온다는 확신을 갖고 살아가는 사람이다. 그래서 전래 동화를 좋아하나 보다. '권선징악', 착한 사람은 상을 받고 악한 사람은 벌을 받는다는 교훈을 전해 주는 동화 말이다.

작은아들은 반장·회장 선거에 여러 번 도전을 했지만 맘처럼 잘되지 않았다. 자리 욕심이 나서인지 학기가 시작되면 어떻게 선거 유세를 해야 좋을지를 늘 고민했다.
"엄마, 엄마. 나 뭐라고 얘기하면 뽑힐 수 있을까?"
"네가 당선이 되면 뭘 어떻게 하려고 하는데?"

"친구들 청소 당번일 때 청소도 대신해 준다고 할까?"

"그럼 청소를 매일 해야겠는데? 어떤 애는 대신해 주고 어떤 애는 안 해 주면 더 문제가 되잖아."

"그래도 그렇게 얘기를 해야 날 뽑아 주지."

"좀 더 고민해 봐봐."

반장 선거에 나가 당선이 되려면 선거 당일에 하는 유세 발표의 내용이 독창적이고 순발력 있는 애드리브보다는 평상시의 행동으로 이미 판가름이 난다고 생각하는 남편이 대화에 동참한다.

"그게 현실성 있는 말이라고 생각해?"

"그래도 애들이 좋아하는 얘기를 해야 나를 뽑아 줄 거 아냐?"

"네가 평상시에 어떻게 행동했는지를 잘 생각해 봐야지. 아빠가 생각하기엔 1학기에 너의 모범적인 행동을 보여 주고 2학기 반장 선거에 나가는 게 더 좋을 것 같은데. 그게 진짜 인정받는 반장 아닐까?"

한참을 듣고 있던 아들은 "진짜? 그런가?" 하고 아빠의 의견에 동참한다. 물론 그 결과는 늘 반반이었다.

▶ 어라, '1+1=1'이 되기도 하네

요즘 결혼에 대한 사회적 시각은 예전과는 많이 달라졌다. 팍팍한 현실 때문에 결혼 적령기가 늦어진 데다가 심지어 비혼을 원하는 젊은이들도 많아졌다. 우리 부부는 결혼에 대해 긍정적이다. 해도 후회고, 안 해도 후회하는 여러 가지 것들 중에 결혼도 해당된다고는 하지만, 하고 후회하지 않도록 서로가 애쓰면 되지 않을까 싶다. 물론 처음부터 맞는 부부가 얼마나 있을까마는 하나하나 맞춰 나가는 것도 나름 스릴 있고 흥미로울 때가 있다.

우리 부부도 역시 그랬다. 먹는 것부터 달랐다. 남편은 얼큰한 국물 요리를 좋아하는 반면, 난 국물이 굳이 필요하진 않았다. 남편이 후라이드 치킨을 좋아한다면 난 양념 쪽이다. 튀긴 만두를 좋아하는 나, 물만두를 좋아하는 남편. 담백한 소고기를 좋아하는 남편과 달리, 난 주기적으로 먹어 줘야 할 정도로 삼겹살을 정말 좋아한다.

옷을 고를 때의 기준도 달랐다. 난 싼 것을 여러 벌 번갈아 입는 것을 선호하는 반면, 남편은 제대로 된 옷을 사서 여러 해 입는 것이 더 경제적이라고 했다.

아이들 교육관은 너무 달랐다. 아이들 스스로 알아서 해야지 부모가 하라고 하는 공부는 아무 소용이 없다는 남편과 달리, 난 부모의 개입이 필요하다고 늘 주장했다. 더 좋은 환경을 만들어 주지 못함을 안타까워하는 날 보며 "엄마들의 치맛바람이 아이들을 힘들게 한다."며 핀잔을 주기도 했다. 사실 지나고 나서 남편의 말에 수긍할 수밖에 없는 상황이 종종 벌어지기도 했다.

그래도 우리의 의견이 일치를 보는 것은 가족 여행과 부모님 공경에 대한 부분이었다. 아이들과의 여행은 늘 신나고 즐거웠다. 물론 계획을 꼼꼼히 세우는 남편 덕분에 난 여행을 거저 다녔다. 늦은 밤까지 남자들만의 시간을 갖는 라면 타임, 온갖 해물을 넣어 끓인 라면에 매료된 아이들은 은근히 이 시간을 즐겼다.

  남편도 5남매 중 장남, 난 5남매 중 장녀. 남편은 누나가 한 분 계시고, 나 역시도 오빠가 세 명이나 있지만 우리의 역할은 분명 다른 형제와는 다름이 필요했다. 부모님 생신이나 명절이 되면 신경 쓰임이 커야만 했다. 물론 처음부터 마음이 일치되지는 않았다. 쉬운 예로는 금전적인 문제로 부딪혔다. 그때는 여유가 없었기 때문에 마음이 팍팍했는지도 모른다. 지금은 서로가 서로의 입장을 더 많이 고려하고 생각하는 것 같아 부딪힘은 확실히 줄어들었다.

  우리 부부가 잘한 일 중 하나는 주말마다 아이들한테 할아버지, 할머니에게 문안 전화를 드리도록 한 것이다. 그래서인지 우리 아이들은 밖에 나가서 생활하는 중에도 곧잘 전화를 드린다. 요즘은 스피커폰으로 전화를 하는데 온 가족이 둘러앉아 각자의 소식과 안부를 전한다.

  25년이란 시간이 우리를 그렇게 만들어 주었다. 텔레비전을 보면서 "저 사람 누구 닮았지?" 하면 여지없이 난 그 사람을 맞췄고, 노래의 가사만 들려 줘도 무슨 노래인지 맞추는 탁월한 케미가 형성되었다. 아들들도 신기할 정도란다.

  "엄마랑 아빠 보면 진짜 잘 만난 거 같아. 코드가 딱딱 맞아."

  최근에 작은아들에게 들은 특급 칭찬이다.

2. 'ㅇㅜㄱ'을 '욱'이라 쓰고 '욱'이라고 읽는다

감정이란 '어떤 상황에 대해 느끼는 상태'를 말한다. 이 감정은 자연스러운 삶의 일부 중 하나라고 한다. 날씨도 추운 날이 있고, 더운 날이 있고, 비나 눈이 오는 날이 있고, 해가 쨍쨍한 날이 있는 것처럼 우리의 감정도 매우 다양하다. 일곱 가지 기본 감정이라는 기쁨, 놀람, 슬픔, 화남, 분노, 경멸, 혐오를 비롯해 파생된 다양한 감정들. 우리는 흔히 내 감정에 상처를 주는 상대방의 감정은 '나쁘다'라고 표현하고 그 반대의 경우는 '좋다'라는 말로 받아들이기도 하지만, 감정에는 '좋고, 나쁨'이 없다고 한다. 그럼에도 불구하고 대부분의 사람들은 자신이 짊어지고 살아가는 개인적, 사회적 위치 때문에 자유롭게 감정 표현을 하고 살지는 못하는 것 같다. 나 역시도.

▶ **자기감정 다스리기, 그건 내가 알아서 할게**

10가지 중에 한 가지를 못하면 그동안 잘했던 아홉 가지도 다 무너져 버린다. 어떤 때는 그 아홉 가지도 진심이었나 하는 의심을 하게 된다. 한 침대를 쓰고 있는 남편의 이야기다. 정말 이거 하나만 잘 다스리면 되는데.

그건 바로 '욱'이다. '욱'의 사전적 이미는 '앞뒤를 헤아림 없이 격한 마음이 불끈 일어나는 모양'이라고 정리되어 있다. 그런데 이 '욱'이라는 감정은 어디서부터 생겨나서 '불쑥불쑥' 등장하는 것일까?

우리 부부는 가끔 책 한 권을 들고 커피숍에 들른다. 집에서 읽는 것보다 좀 더 집중이 되기도 하고 남편이 좋아하는 아메리카노를 여유롭게 즐기고 싶은 마음에서이다. 각자의 관심사에 맞는 책을 읽다가 함께 공유하면 좋을 것 같은 내용이 나오면 잠시 쉼을 갖고 이야기를 나눈다.

감정 코칭 중에 '초 감정'을 만나는 연습을 하는 챕터가 눈에 들어왔다. 초 감정은 감정에 대한 감정을 뜻하는 것으로, 어떤 감정 상황을 보면서 내가 느꼈던 감정을 객관화하여 바라보는 것이다. 자신의 초 감정을 알아야 상대방의 감정도 읽을 수 있게 된다고 한다. 그래서 책에 나와 있는 대로 몇 가지의 질문을 시작했다.

"당신은 어릴 때 슬픔을 어떻게 경험했어?"

"부모님이 싸울 때."

"그때 당신은 그 슬픔을 어떻게 표현했었는데?"

"그냥 동생들이랑 울었지."

"그렇게 당신이 슬퍼할 때 부모님은 어떤 반응을 보였는데?"

"그만 물어보면 안 돼? 나 별로 얘기하고 싶지 않은데."

"알았어."

그리고 잠시 시간이 지난 후 남편이 조금 격앙된 목소리로 이야기를 시작한다.

"아니, 당신은 왜 이런 얘기를 꺼내서 사람을 더 힘들게 해. 난 생각하고 싶지 않은 일인데 이렇게 다시 떠올리게 만들어. 이건 좀 아닌 거 같아."

"근데 여보, 이 감정에 대해 자기가 정리를 하지 않으면 앞으로도 계속 힘들어진대. 풀어내는 시간을 갖고 그 상황을 객관화하면 마음이 한결 편안해진다고 하더라고."

더 이상의 대화는 할 수 없었다.

저녁을 먹고 소파에 앉아 있는 남편 등을 쓸어 올리며 "여보, 당신이 편하게 얘기할 마음이 생겼을 때 얘기해. 그동안 얼마나 힘들었을까?" 이 말만 전했다.

▶ 동해물과 백두산이

아이들 교육 문제로 의견 충돌을 보이는 경우가 종종 있다. 물론 우리 집도 예외는 아니다. 학습지 회사의 영업지국장을 맡고 있던 나에게도 신랑은 늘 '우리나라 사교육이 문제'라며 반기를 들기도 했다. 어렸을 적에는 부모의 의도대로 잘 따라오던 아이들도 사춘기를 겪으면서부터 '삐그덕 삐그덕' 소리가 나기 시작했다. 그로 인해 부모와 자식 간의 냉한기가 찾아오기도 한다.

우리 집의 최고봉은 큰아들이 고등학교 2학년 때였다. 아들은 부모의 기대에서 한참을 벗어나 있었고, 어떤 얘기를 해도 강한 부정도 아니고, 그렇다고 적극적인 수긍도 하지 않았다. 즉, 총체적 난관에 봉착한 것이다. 주말에 같이 식사를 할 때면 살얼음판을 걷듯이 늘 아슬아슬했다. 얼른 밥그릇이 비워지기를 바라는 마음으로 열심히 젓가락질에 매진하게 되었다. 우리 모두 말이다.

참다 참다 못한 남편이 먼저 얘기를 시작한다.

"이번 성적은 어때?"

"…"

"기숙사에서 공부는 제대로 하고 있는 거야?"

"…"

아빠의 질문에 자신이 없는 큰아들은 눈 한 번 마주치지 못하고 식탁에 충실한 행동만 하고 있다.

"너 자고 일어난 이불은 개고 나왔어? 하나를 보면 열을 알 수 있는 거야."

이런 2차전의 분위기가 조성되면 난 낮은 목소리로 노래를 읊조린다.

"동해물과 백두산이 마르고 닳도록."

"뭐야? 왜 밥 먹다 말고 노래를 불러?"

"응, 1절만 하시라고. 밥이라도 좀 편안히 먹으면 안 될까?"

어이없다는 표정이지만 오늘은 여기까지만인가 보다.

그 후로도 난 애국가 1절을 수없이 불러야만 했다.

남편은 한 번 마음이 상하는 일이 생기면 말끔히 치유가 되지 않은 상태로 시간만 보내게 되고, 결국에 본인이 감당하기 힘든 부분도 생기는 것 같았다. 그리고 그 화를 잘 매만지지 못한 상태인지라 생각지도 못한 방향으로 흘러가기도 했다. 그럴 때마다 가족들이 상처를 입기도 하지만 무엇보다도 본인이 제일 괴로워하는 것 같았다. '정말 맘대로 안 되나 보다.' 싶었다. 한편으로는 그 모습이 더욱 우리를 힘들게 만들었다.

감정을 잘 다스리며 사는 방법, 어떻게 해야 하는 것일까? 최우선은 내 감정을 읽는 것이다. 그동안 나는 내 감정을 이해하려고 어떤 노력을 했는지, 다시 한번 생각해야 할 부분인 것 같다.

내 감정을 제대로 읽었다면 상대방의 감정을 포착하려는 노력을 해 보자. 이때 파악된 감정을 잘 들어 주고, 적극 공감해 주도록 한다. 포착된 나와 상대방의 감정에 이름을 붙여 보는 것도 필요하다. 그 감정을 명료화해서 정리를 하는 것이다. 그런 다음 바람직한 행동으로 이끌어 주면 된다. 슬픔의 감정을 슬픔으로 끝내는 것이 아니라 기쁨으로 인식되기 위해 어떻게 해야 하는지, 분노의 감정을 분노로 끝내는 것이 아니라 그 분노를 누그러트리고 서로에게 다친 감정으로 마무리되지 않게 용서하고 사과하는 것이다.

욱하는 성질이 있는 사람은 자기 자신에게 이런 질문을 던진다고 한다. '나는 왜 늘 이런 식일까? 다른 사람은 분노를 터뜨리지 않는데 나만 왜 이럴까? 난 태어날 때부터 그랬던 것일까? 내가 어렸을 때 겪은 일 때문에 이러는 걸까?'

만약 이 질문에 대한 답을 스스로 찾아낸다면 그 사람은 '욱' 하는 성질에서 벗어나는데 한 발짝 나아갔다고 말할 수 있다. 혼자가 힘들다고 하면 함께 그 답을 찾아보는 것도 좋을 듯싶다.

우선 내 안에 부정적인 감정이 올라올 때는 길게 심호흡을 두세 번 해 보자. 조금은 감정을 다스릴 수 있는 시간이 주어질 것이다. 그리고 고맙고 감사했던 일들을 떠올려 보자. 결코 긴 시간이 소요되지는 않는다.

3. 대한민국에서 장남으로 살아가기

옛말에 '장남과 맏며느리는 하늘에서 내려 준 사람'이라는 말이 있다. 이 말은 아마도 처음부터 그 자리가 감내해야 하는 일들이 많아서 생겨난 말인지도 모른다. 혹은 세월이 흐르고 흘러 장남이나 맏며느리 역할에 노하우가 붙어서 자기도 모르게 하늘이 내린 사람의 모양새를 갖추게 되었음을 말하는 것이기도 하다. 아무튼 우리나라에서 장남으로 살아가는 건 그리 녹록지 않은 것 같다. 남편 역시 그 중압감에서 결코 자유롭지는 못한 삶을 살아가고 있는 듯하다. 더 많은 책임감이, 더 많은 의무감이, 때론 그로 인한 걱정과 염려가 늘 함께하고 있기 때문이다.

▶ 장남을 향한 투자

시집을 와서 들었던 얘기가 있다.
"언니, 우리 오빠는 무지개가 쫙 뻗은 오빠야. 엄마가 그런 태몽을 꿨다니까 잘될 거래."였다.
"언제부터?"를 묻고 싶었지만 그냥 기다리면 되는 거였었나 보다.
5남매의 장남으로 태어난 남편. 아버님은 친정으로 아이를 낳으러 간 아내가 기쁜 소식을 알려 주기를 노심초사하며 기다리셨다고 한다. 한참이 지나도 연락이 오질 않자 처갓집으로 달려간 그날, 드디어 아들의 출산 과정을 보게 되셨단다. 물론 첫째 딸을 보시고 난 후라 그 과정의 험난함은 익히 알고 계셨을 거다. 그렇게 기다리고 기다린 둘째 아이,

아들이었다. 아들이 태어난 시간은 오후 2~3시경. 그때부터 너무 좋아서 밤을 꼬박 새우시며 아들을 지켜보셨다고 한다. 물론 어머님도 대접 받는 산후조리를 받으셨다고 한다.

가정 형편이 그리 넉넉하지는 않았지만 남편은 첫째인 누나보다 늘 후한 대접을 받으며 자랐다고 한다. 초등학교 아니, 국민학교에 입학했을 때 그 시절에는 몹시 귀했다는 노란 고리땡 바지를 양장점에서 사 주셨다고 한다. 그런데 그 좋은 바지를 입는 날이면 남편은 학교에 가길 싫어했고, 학교를 향하는 그 길도 순탄치는 않았다고 한다. 남편은 안 간다고 떼쓰고, 누나는 가야 한다고 손을 잡아끌고. 그 상황을 생각하며 늘 남편을 놀리기도 하지만 형님에게는 정말 웃지 못할 고통스러운 날이었다고 한다.

온 가족이 함께하는 식사 시간, 맛있는 반찬은 항상 남편 앞에 놓여 있었다고 한다. 생선 구이 접시도 늘 아버님과 남편 앞에. 대학 다닐 때는 기숙사 생활을 하거나 자취를 했었는데 어쩌다 집에 오게 되면 반찬 메뉴가 바뀌었다고 한다. 남동생이 "형이나 와야 고기를 먹게 되네."라고 할 정도로 말이다.

고등학교 때는 열심히 공부해야 할 큰아들을 위해 독방을 마련해 주었다. 딸 셋은 한 방을 쓰고, 막내아들은 부모님과 같이 썼단다.

누나가 대학 입시를 앞두고 있었을 때다. 공부도 열심히 하고 성적도 좋았던 누나, 세 살 터울인 남동생이 있었기에 대학 입학은 접어 두어야만 했다. 그 당시에 여자가 대학을 가는 일이 그리 흔하지 않았을 뿐더러 장남은 무조건 대학 공부를 시켜야 한다는 부모님의 생각에 형님은 스스로 자신의 꿈을 접어야만 했었다. '그 마음의 쓰림이 얼마나 크셨을까? 그 여린 마음을 추스르기가 얼마나 힘이 드셨을까?' 싶다. 고등학교를 졸업한 후 세무사 사무실에 취업을 해서 열심히 일하신 형님, 그 능력을 인정받아 지금도 사무장 역할을 하고 계신다.

누나의 꿈을 발판 삼아 대학을 진학한 남편은 어떤 마음으로 살아갔을까? 남편의 어깨에 짊어진 장남으로서의 무게가 너무나 컸지만 그 누구에게도 버거움을 얘기하지는 못했을 것이다. 혼자 감내하고 해결하고 좌절하기도 했지만, 결코 그 마음을 들키지 않으려고 부단히 애를 썼다고 한다. 방학 때마다 아르바이트를 했어야 했고, 학기 중에도 친구들과 대학 낭만을 즐겨 보지도 못했다. 그냥 그래야만 했고, 그렇게 하는 것이 옳다고 믿었다.

▶ **장남임으로 행복하길**

텔레비전에서 멋지게 사는 중년의 부부가 나온다. 남편은 텃밭을 가꾸며 작은 공방을 운영하고 있고 아내는 서재에 앉아 눈부신 햇살을 듬뿍 받으며 따뜻한 차 한 잔을 마시며 사색 중이다. '드르륵 드르륵' 기계 돌아가는 소리가 들리고 '뚝딱뚝딱' 망치 소리가 들려도 아내는 일상인 양 자연스럽게 자신의 시간을 즐긴다.

"여보, 내가 꿈꾸는 노년의 삶이다. 난 도자기 만드는 작은 공방도 갖고 싶지만 저 정도만으로도 훌륭해. 당신은 어때?"

"그러네. 보기 좋네."

"우리 지금부터라도 조금씩 준비를 하면 될 것 같은데. 당신도 공방 다녀 볼 텨?"

"지금? 더 있다가."

"자꾸 그렇게 미루지 말고. 근데 당신은 진짜 갖고 싶은 거나 해 보고 싶은 것도 없어?"

"그리 딱히 없는데. 지금도 괜찮아."

늘 이런 식이다.

특히나 쇼핑을 가는 날이면 맥이 빠져서 돌아온다.

"여보, 저기 셔츠 너무 예쁘다. 당신이 입으면 진짜 근사할 거 같아."

"그래? 어디?"

하지만 먼저 손과 눈이 닿는 곳은 가격표이다. 본인이 생각한 금액보다 비싸면 절대 사지 않는다. 물론 그 금액도 언제 적 물가를 반영한 건지는 미지수다. 바지를 사러 갔다가 그와 어울리는 윗옷을 살라치면 "오늘은 바지만 생각하고 왔으니까 이거면 족해." 하고 내 등을 떠민다. 신발은 밑창을 하도 여러 번 갈아서 AS를 받아 주는 점원이 얼굴을 기억한다.

자신에게 하는 유일한 투자는 인터넷 바둑이랑 골프다. 물론 인터넷 바둑을 둘 때도 게임 머니는 절대 사지 않는다. 매월 1일 충전이 되는 게임 머니만 사용하는 알뜰한 바둑을 둔다. 처음엔 게임을 워낙 싫어하는 성격이라 뭐라고 했었는데 이젠 그 시간을 충분히 즐기라고 곁에 가지도 않는다.

골프가 지상에서 하는 가장 행복한 운동이라고 말하는 남편, 레슨을 받은 적도 없다. 해외 출장을 가서 처음 접해 본 골프인데 그냥 머리부터 올렸다. 그리고 방송을 보며 틈틈이 자세를 교정한다. 운동을 '장비 발'이라고도 하고, 특히 골프는 보이는 것만으로도 반은 먹고 들어간다고 하는데 결코 그런 것에 소비를 하지 않는다. 기본만 갖춘 골프 백을 들고 즐거이 필드를 누빈다. 콧노래를 부르며 집에 들어오는 날, 남편의 손에는 골프장 근처 맛집에서 사 온 뭔가가 들려져 있다.

"먹어 보니까 너무 맛있더라고. 당신이랑 애들 생각나서 사 왔어." 입가에 미소는 천하를 다 얻은 듯한 표정이다.

남편에게 바라는 것이 있다면 이젠 좀 자신의 삶을 즐겼으면 하는 것이다. 때로는 앞뒤 재지도 말고 자신에게 이기적이었으면 한다. 하고 싶은 일이 있거나 갖고 싶은 것이 있으면 바로바로 실천에 옮겨 자신의 것으로 만들었으면 한다. 남편을 잘 알기 때문에 그 바람이 감당하기 어려울 정도로 과하지도 않을뿐더러, 비록 과하더라도 예쁘게 봐 줄 용의는 충분히 있다. 제발 자신이 하고 싶거나 갖고 싶은 것을 찾길 바란다.

4. 동상이몽

"엄마, 엄마 꿈은 뭐야?"
"응, 엄마는 현모양처."
"그게 뭔데?"
"현명한 엄마이고 착한 아내라는 뜻이야."
"그게 꿈이야?"
"그럼. 그렇다면 너희들의 꿈은 뭔데?"
"난 생명공학자."
"난 곤충학자."
"왜 생명공학자가 되고 싶어?"
"내가 영원히 살 수 있는 약을 만들어서 엄마랑 아빠랑 죽지 않고 계속 살려고."
"그럼 왜 상진이는 곤충학자가 되고 싶은데?"
"난 곤충들을 관찰하는 것이 재밌더라고. 그래서 그게 되고 싶어."
우리 아이들이 초등학교 들어가기 전에 나에게 말해 준 꿈이다.

중학교 때, "난 경찰!", "난 화가!"
고등학교 때는 "난 에어차이나 기장!", "난 연극배우!"
이렇게 아이들은 수시로 현실 타협에 가까운 꿈을 이야기하곤 했다. 그 꿈이라는 것이 절실함에서 오는 것이 아니라 자기변명과 핑계처럼 느껴지기도 했지만 그래도 목표가 있다는 것은 좋은 일이라며 우리 스스로를 위로했다.

이렇게 자신의 꿈을 얘기할 때면 아이들은 늘 "그럼 엄마 아빠는 꿈이 뭐야?"라고 질문을 했다.

지금은 나이가 좀 들어서인지 우리의 대답은 변함없이 일관된 말이다. "그냥, 우리 가족 건강하고 행복하게 사는 거."

▶ 꿈꾸는 다락방에 숨겨 놓았던 꿈

나의 꿈은 선생님이 되는 것이었다. 초등학교 2학년 어느 봄날, 담임 선생님을 찾아온 제자의 모습을 보고 내 꿈은 무조건 '선생님'이 되는 것이었다. 그러나 나는 정규직 선생님이 아닌 비정규직 학습지 선생님으로 명함을 만들었다. 교실에서 아이들을 맞이하는 것이 아니라 내가 아이들을 만나러 가야 했다. 힘든 날도 많았지만 아이들이 불러 주는 '선생님' 소리에 나름 행복을 느꼈던 것 같다.

회사 일을 그만두고 나서 스스로에게 질문을 던졌다.

'내가 정말 하고 싶은 일이 무엇일까? 내가 잘하는 일은 무엇일까? 앞으로의 내 삶은 어떤 모습이길 원하고 있는 것일까?'

다행히 그때 마음먹었던 일을 지금 하고 있다. 열심히 강의를 하고 내 글이 세상 밖으로 나왔다. 작년 1월, 내 손에 쥐어진 책 한 권이 또 다른 꿈을 꾸게 만들었다. '진작 나에 대해 진지하게 생각해 볼걸…' 하는 작은 아쉬움이 있었다.

남편의 어릴 적 꿈은 매달 고정적인 수입이 생기는 회사원이었다. 당시 그리 녹록지 않은 살림 때문에 중학교 때는 신문 배달도 했다. 그러다 성적이 떨어진 걸 알고 어머님이 강하게 반대를 하셔서 일을 그만두었을 때에도 '어떻게 하면 가정에 도움이 될까?' 하는 고민을 했다. 아버님이 여러 가지 일을 하셨지만 고정 수입이 없었기 때문에 5남매는 미래를 위한 계획을 세우거나 자신만을 위한 무엇인가는 할 수 없었다.

군대 전역을 한 후 4학년 때는 취업에 전념했고 다행히 2학기에 취업이 되었다. 그 당시 오리엔트라는 회사의 전산실에 취업을 했는데 30 대 1의 경쟁을 뚫고 당당히 차석으로 입사했다며 자랑스레 얘기를 하곤 했다. 이후 본인이 생각한 업무와 잘 맞지 않아 우성건설이라는 건설 회사 전산실에 자리를 옮겨 총각 시절을 즐겼다. 결혼 후 회사 사정이 좋지 않아 이직을 할 수밖에 없었는데 그때 LG, 삼성, 대우에 경력직으로 발탁이 되었다. 그중에 회사 이미지가 좋다고 선택한 회사가 LG였다.

이렇게 본인이 노력한 만큼의 결과를 얻은 남편은 아들들에게 늘 이런 얘기를 했다.

"노력하는 사람에게 기회가 온다. 열심히 찾아보고 적극적으로 문을 두드려라. 끊임없이 노력해야 한다. 대기업은 나의 가치를 인정받고 인정해 주는 회사다. 일반 기업과 출발부터가 다르다…"

토익 점수 올려놔라, 공채 공고 틈틈이 봐라, 필요한 자격증도 미리미리 준비해라 등 주문 사항도 많다. 그러나 아이들은 자신이 하고 싶은 일을 해야 행복하다며 꿈을 강요받지 않았으면 하는 마음이다. 이런 얘기를 하다 보면 잠시 또 겨울왕국이 되어 가려고 한다. 그때 나는 또 한 번 애국가를 부른다.

간혹 남편에게 이런 질문을 한다.
"당신은 꿈을 이룬 것 같아?"
"그럼, 회사원으로 열심히 살아도 봤고, 지금은 대표를 하고 있으니 꿈을 이뤘다고 봐야지."
"또 다른 꿈은? 앞으로 꼭 해 보고 싶은 일은?"
"글쎄 없는 것 같은데."
"없는 거야? 아님 그런 생각을 안 해 본 거야? 난 큰 창이 있는 작은 카페나 책방 같은 걸 하고 싶은데. 그리고 내가 좀 더 나이가 들면 전원주택에서 살고 싶은데 한옥 집이었으면 좋겠어. 그리고 도자기 공방에 다니면서 그릇도 내가 직접 만들어서 쓸 거야."
"당신은 하고 싶은 것이 많아서 좋겠다."
"근데 여보, 이 일들은 당신이 도와줘야 이룰 수 있어. 당신이 돈을 벌어다 줘야지. 히히."
"그럼 내 목표가 생겼네. 70까지 일하는 거."
"아니 그럼 내가 너무 미안하지. 너무 일만 하지 말고 예전에 다녔던 목공예 공방에 다녀 봐. 당신만을 위한 시간을 가져 보라는 거야."
"아, 한옥 집 가구 인테리어를 부탁하는 거구먼."
"들켰네."

이젠, 그래도 된다. 남편이 자신만을 위한 이기적인 시간을 보냈으면 한다.

5. '아메리카노'를 좋아하지만 '라떼'를 외치는 남자

남편은 '아메리카노'를 참 좋아한다. 출근해서 한 잔, 점심 식사 후 한 잔, 오후에 머리가 무거울 때도 아메리카노 한 잔으로 쉼을 갖는다. 결단코 '라떼'처럼 달달한 것을 좋아하지는 않는다.

요즘 '꼰대'라는 말이 있다. 본래 이 단어는 아버지나 교사 등 나이 많은 남자를 가리켜 학생이나 청소년들이 쓰던 은어였으나 근래에는 자기의 구태의연한 사고방식을 타인에게 강요하는, 이른바 꼰대질을 하는 직장 상사나 나이 많은 사람을 가리키는 말로 변형되었다. 이들이 자주 하는 말 중에 "나 때는 말이야."라는 것이 있다. 그래서 우스갯소리로 꼰대를 '라떼'라고 부르기도 한다. 남편은 순간순간 여지없이 '라떼' 아니, '꼰대'가 되기도 한다.

▶ 신흥 꼰대

2017년 아거가 쓴 《꼰대의 발견》이라는 책에는 꼰대란 '남보다 서열이나 신분이 높다 여기고 자기가 옳다는 생각으로 남에게 충고하는 걸, 또는 남을 무시하거나 멸시하고 등한시하는 걸 당연하게 여기는 자'라고 명시되어 있다. 우리가 20~30대에 바라본 50대들은 정말 나이 먹은 아저씨, 아줌마였던 것 같다. 그런데 막상 그 나이가 되어 보니 우린 아직 청춘이다. 의욕이 넘치고 무엇이든지 할 수 있을 것 같다. 그리고 우리 아이들을 보면 인생을 먼저 살아 본 선배로서 해 주고 싶은 얘기가 너무 많다. 물론 그들은 '잔소리' 또는 '우리 부모님도 꼰대 아니심?' 이렇게 생각할 수도 있겠지만 여전히 '부모이기 때문에'라는 무기로 '자꾸자꾸' 생각을 쏟아 내는 것 같다.

90년대 아이들의 특징을 잘 드러낸 책이 있다. 임홍택 작가가 쓴 《90년생이 온다》라는 책이다. '도대체 그들은 어떤 생각으로 살아가고 있는가?'라는 궁금증으로 책을 읽게 되었다. 워라벨(Work-life balance)을 중시 여기는 90년생, 그들은 안정적인 삶보다는 인간다운 삶을 살기를 원한다. 그들은 복잡한 것보다는 간단한 것을 추구하기 때문에 창의적이고 독창적인 줄임말을 생산해 내기도 한다. 매슬로가 말한 인간의 욕구 마지막 단계인 '자아실현의 욕구'를 충족시키기 위해서 반드시 재미는 있어야 한다고 생각한다.

남편이랑 같이 읽어 보았는데 관점이 확실히 달랐다. 난 그들의 정서적인 면을 살펴봤다면 남편은 업무적인 면으로 접근해 그들을 이해하고 받아들이려고 했다.

우리가 90년대 생을 바라보는 일부 시각들—충성심이 없고, 다른 사람을 생각하지 않으며 자기 것만 챙기고, 자기 권리만 찾으며 의무는 다하지 않고, 자기 실수는 인정하지 않으며 변명만 늘어놓고, 끈기가 없어서 쉽게 포기하고, 공과 사의 구분이 없고, 고집이 세고, 힘든 일은 견디지 못하고 쉽게 포기한다(90년대 생이 온다)—은 어쩜 우리가 우리 아이들을 바라보는 시각을 꼬집는 것 같았다.

그들의 이야기를 들으면 일부 이해가 되기도 하지만 "왜?", "그게 맞는 거라고 생각해?"라는 말을 자꾸 토해 내게 된다. 그럴 때마다 하는 말, "나 때는 이래저래 했는데, 요즘 애들은 이해가 안 돼."이다.

영락없는 꼰대가 되는 것이다. 안 그러겠노라고 대화를 시작하지만 결말은 여지없이 교훈 전달로 마무리된다.

아들이 고등학교 다닐 때의 일이다. 아이는 하교 후 학원을 가기 위한 길을 나섰고, 마침 남편이 퇴근하는 길에 집 앞에서 두 남자가 마주쳤다.

"어디가?"

"응, 학원에."

"저녁은 먹었고?"

"응."

"근데 하얀 반바지 입고 학원에 가는 거야? 바지에 뭐 묻을까 봐 신경 쓰여서 공부가 제대로 되겠어?"

"…"

"학원 늦겠다. 일단 얼른 가."

학원을 다녀온 아이는 여지없이 남편 앞에 다소곳하게 앉는다.

"공부할 때 다른 것에 시선을 뺏기면 안 된다는 거 알지? 학원에 여자 친구 있냐? 사내자식이 하얀 반바지 입고 살랑살랑 다니는 거 별로다. 공부에만 집중해."

"아니, 하얀 반바지 입는다고 집중 안 되는 거 아닌데."

"네 성격에 바지에 뭐 묻을까 봐 계속 신경 쓸 거라는 걸 아빠는 잘 알거든. 대충대충 입고 다녀도 돼."

"…"

부정도, 긍정도 아닌 대답으로 이야기는 마무리된다. 지금도 하얀 바지를 입을 때마다 큰아들은 그때를 기억하며 너스레를 떨며 이야기를 하곤 한다.

"아빠, 나 하얀 바지 말고 딴 거 입을까?"

잔소리라 느끼지 않도록, 꼰대라고 생각하지 않도록 할 수 있는 대화법은 무엇이 있을까?

▶ 내가 모르는 나, 꼰대일지도 모른다

우리 스스로 꼰대의 기질을 갖고 있는지 '꼰대 자가 진단 테스트'를 통해 점검해 보자.

1. 만나면 나이를 묻고, 나보다 어리면 반말한다.
2. '~란 ~다'는 식의 명제를 자주 구사한다.
3. '내가 너만 했을 때' 같은 얘기를 자주 한다.
4. '나 때는 말이야'가 유명해진 후 안 쓰려고 노력한다.
5. 개인적 인맥을 자꾸 얘기한다.
6. 의견을 듣지만 결국 내 의견이 정답이다.
7. 내가 한때 잘나갔다는 사실을 알려 주고 싶다.
8. 개인 약속으로 회식에 불참하는 것을 이해 못한다.
9. '요즘 애들은 노력 없이 불평만 한다.'고 생각한다.
10. 잘나가는 후배를 보면 단점부터 찾는다.
11. 나보다 늦게 출근하는 후배가 거슬린다.
12. 낯선 방식으로 일하는 후배를 제대로 가르쳐 주고 싶다.
13. 사생활도 인생 선배로서 답을 제시해 줄 수 있다.
14. 나에게 인사하지 않는 후배가 거슬린다.
15. 나보다 더 열심히 일하는 사람은 없는 것 같다.
16. 후배의 옷차림이나 인사 예절 지적이 가능하다.

- 0~2개 – 성숙한 어른
- 3~5개 – 잠재적 꼰대
- 6~11개 – 꼰대 경계 예보
- 12~16개 – 자숙 기간 필요

0~2개에만 해당된다면 아직 '꼰대'라는 글자에서 자유로운 상태다. 합리적이며 '내'가 아닌 '타인'의 입장에서 생각하는 사람으로 배려와 관용, 미소가 넘치는 사람이다. 우리는 이들을 '성숙한 어른'이라고 말한다.

3~5개라면 우리도 모르는 사이에 꼰대의 기질이 '스멀스멀' 올라오게 되는 '잠재적 꼰대'의 단계이다. 경험과 꼰대는, 정비례하지는 않지만 통상적으로 비례하는 경우가 많으므로 조심해야 한다. 내가 속한 조직 내에서 '꼰대'로서의 기질을 보이고 있지는 않은지 철저한 반성과 확인이 필요하다.

6~11개라면 사실상 꼰대라고 말할 수 있다. 하지만 세상에는 나와 다른 다양한 사람들이 있다는 것을 인정하며 그들의 의견과 행동을 존중해 주면 된다.

만약 12~16개라면 잠시 모든 권위, 지위, 명예를 내려놓고 상황을 객관적으로 살펴보도록 하자. 혹시 주변 사람들이 본인과의 만남 · 대화를 피하는지 최근에 있었던 다른 사람들과의 관계를 떠올리면서 다시 한번 살펴보도록 하자.

▶ **꼰대와 멘토는 한 끗 차이**

우리는 타인을 가르치며 이끌어 주는 사람을 '선생님', '멘토', '리더'라고 말한다. 본인이 경험한 것에 대한 성공과 실수를 얘기해 줌으로써 같은 길을 걷게 해 주거나 우회할 수 있는 길을 제시해 준다. 그로 인해 우리는 실패라는 단어 앞에서 결코 좌절하지 않고 다시 일어설 용기를 얻게 된다. 상대방이 잘 성장하도록 관심을 갖고 조언해 준다는 취지는 같지만 어떤 방법으로 대화를 접근하느냐에 따라 '멘토' 또는 '꼰대'가 되기도 한다.

'꼰대'와 '멘토'의 다른 점은 무엇일까?

첫째, 꼰대는 자기 얘기를 늘어놓고 멘토는 남의 얘기를 듣는다. '꼰대'는 기본적으로 자신의 이야기를 한다. 남의 이야기도 듣기는 하지만 그보단 자기의 이야기가 항상 우선이며 상대방의 이야기를 들어도 쉽게 잊어버려 상대가 소통의 단절을 느끼도록 하는 상황이 많이 발생한다. 반면 '멘토'는 기본적으로 남의 이야기를 경청한다. 자신이 잘 아는 분야가 나오더라도 쉽게 아는 척하며 나서지 않고, 상대가 조언을 구할 때에만 적극적으로 반응한다.

둘째, 꼰대는 과거를 멘토는 미래를 생각한다. '꼰대'는 자신이 잘나갔던 과거를 포장하며 미화하는 데 능숙하다. "왕년에 말이야", "나 때는 말이야" 같은 화려한 말로 자신만 아는 과거의 이야기를 휘황찬란하게 늘어놓는다. '멘토'는 미래를 바라보는 얘기를 한다. 멘티의 고민을 들어 주고, 공감해 주며, 궁극적으로 어떠한 방향으로 멘티가 나아가야 하는지에 대해 멘티의 입장에서 생각하고 조언해 준다.

셋째, 꼰대는 아랫사람을 찾고 멘토는 아랫사람이 찾는다.

'꼰대'는 자신을 편하게 만들어 주고 상대하기에 거침이 없는 아랫사람을 찾는다. 일이라는 명목 하에 온갖 심부름을 시키는 것뿐만 아니라 권력의 상하 구조를 이용하여 가끔은 이해되지 않는 사적인 일을 시킬 때도 있다. 반면 '멘토'는 아랫사람이 먼저 찾는다. 멘티에게 고민이 있거나 뭔가 진지한 이야기를 털어놓고 싶은 상황이 생겼을 때 멘티는 자연스럽게 본인에게 큰 힘과 도움이 되었던 멘토를 떠올리게 된다. 상담과 대화를 할 때 느꼈던 멘토의 따뜻한 기운과 에너지, 말투가 그리워서 멘토를 찾는다고 한다. 이것이 꼰대와 멘토의 결정적인 차이점이다.

'꼰대 자가 진단 테스트'와 '멘토와 꼰대의 차이점'을 보고 여러분은 어떤 위치에 있다고 생각하는가? 테스트를 통해 나의 꼰대 여부를 확인하는 것도 중요하지만 내 옆 사람과 주위 사람들의 생각을 들어 보는 것이 매우 중요하다. 나도 모르는 나의 성향을 주변 사람들은 더 객관적으로 말해 줄 수 있기 때문에 그들의 이야기에 귀를 기울여 보자.

6. 무한 신뢰

'믿음, 소망, 사랑' 중에 가장 으뜸이 무엇일까요?

예전에 많이 들었던 질문 중에 하나일 것이다. 사람마다 가치를 매기는 기준은 다르겠지만 내가 생각하는 가장 으뜸인 항목은 '믿음'이다. 나에 대한 믿음과 상대방에 대한 믿음이 확고하다면 이루고자 하는 소망도 이루어질 수 있고 그 누군가를 사랑하게도 만드는 것 같다.

각기 다른 방식대로 살아온 남녀가 부부라는 인연을 맺고 살다 보면 수많은 역경과 고난이 따르기 마련이다. 생각지도 않았던 일로 서로 오해하기도 하고, 그로 인해 다툼이 생기거나 마음의 상처를 입기도 한다. 하지만 상대방에 대한 믿음이 확고하다면 그 상처도 자연 치유가 되는 데 시간이 그리 오래 걸리지는 않은 듯하다. 우리 부부도 다른 사람들과 다를 리 없었지만 그래도 25년이라는 시간을 함께하고 있는 걸 보면 서로가 서로에 대한 믿음은 견고하다고 말할 수 있을 것 같다.

우리 부부도 늘 고민하고, 해결하고, 또 고민하고 해결하기를 반복한다. 그러면서 조금씩 더 성장하는 것 같다. 아이들 문제로, 시댁·친정 문제로 의견 차이를 보이기도 하지만 서로에 대한 믿음이 깔려 있기 때문에 상대방을 좀 더 이해하려고 애를 쓴다. 상처 난 부위에 소금을 뿌리는 것이 아니라 '호' 하고 입김을 불어 주거나 약을 발라 주기도 한다. 서로에게 명의가 되어 같이 치유하다 보면 '이것쯤이야.' 하는 대담함과 노련함이 생겨난다. 우리가 살아가는 이야기가 아직은 대하소설감은 아니지만 그래도 소설 한두 권은 거뜬히 채워질 것 같다. 오늘도 부딪히며 성장 중이다.

▶ 나, 팀장 그만해도 될까?

개인적인 생각일지는 모르겠지만 대한민국의 가장을 볼 때면 참으로 안쓰럽다는 생각이 든다. 아침 일찍 일어나 전쟁터 같은 일터로 몸을 담그고 과도한 업무에 시달리다 거의 실신 직전에서야 집으로 복귀를 한다. 집에 돌아오면 아이들은 아빠의 등장만으로도 흥분하고 기뻐하지만 남편들은 힘이 없다. 그저 이불과 한 몸이 되고 싶다. 그래도 아빠로서의 책임과 의무를 다하고자 싫은 기색을 표현하지도 못하고 또 그들과 함께 뒹군다. 아이들이 잠들면 이제 겨우 자유로운 시간이 주어진다. 아내와의 대화 시간을 제대로 갖지도 못한 채 내일에 대한 부담 때문에 그저 '끄덕끄덕' 몇 번을 하고 나면 잠자리에 들어야 한다.

우리 집 남자도 그랬다. 아이들이 어렸을 때는 2, 3일에 한 번 집에 오던가, 새벽에 전화벨이 울리면 무조건 회사를 향해 달려가야 했다. 유치원 다닐 때는 해외 근무가 많아 떨어져 있는 시간이 많았다. 초등학교·중학교 다닐 때는 승진이라는 제도에 자유로울 수가 없었다. 고등학교 때는 중요한 업무를 수행하고 책임지는 역할을 해야만 했다.

쉼 없이 달리던 어느 날, 저녁 식사를 마치고 심각한 표정으로 물었다.
"여보, 당신은 내가 팀장 그만두는 걸 어떻게 생각해?"

"왜, 무슨 일 있어?"

"아니, 요즘 내가 무엇 때문에 사는지도 잘 모르겠고 그냥 버겁네."

그렇잖아도 최근 들어 잠도 잘 못 자는 남편을 보며 안쓰러워하고 있었는데 무슨 일인가 궁금하기도 했다.

"여보, 당신이 힘들면 그만둬야지. 당신도 고민 많이 하고 나한테 얘기했을 거 아니야."

"고민 많았지. 근데, 팀장을 그만두면 급여가 좀 줄어. 지금도 빠듯한데 괜찮을까?"

"급여가 뭐 그리 중요해 당신이 중요하지. 우리가 좀 더 아껴 쓰면 되지 뭐. 그리고 나도 벌고 있잖아. 부담 갖지 말고 당신이 원하는 대로 해. 그렇게 힘들면 진작 얘기해 주지. 그렇잖아도 요즘 당신이 힘들어 하는 것 같아 내내 마음이 그렇더라고."

"고마워. 근데 장모님은 내가 대기업 팀장 한다고 엄청 좋아하셨는데, 괜찮겠지?"

"당신은 참 별걸 다 생각한다. 괜찮아 우리 엄마도 이해하실 거야. 이젠 당신 위주로 생각해도 돼."

"그렇게 얘기해 줘서 고마워."

'그동안 얼마나 힘들었을까? 그동안 얼마나 많은 고민을 했었을까? 그 팀장이 뭐라고 내려놓지도 못하고 끙끙 앓았을까?' 생각하니 마음이 먹먹했다. 자리를 내려놓고 나니 확실히 수입은 줄었지만 남편이 편안한 얼굴로 퇴근하는 모습을 볼 수 있어 기분이 좋았다. 중압감에서 벗어나니 잠도 편하게 잘 수 있었다.

만약 그때 반대편의 입장에서 얘기를 했다면 남편은 어떤 마음으로 회사를 다녔을까? 아마도 '꾸역꾸역' 회사를 다녔을 것이다. 팀원들은 팀원들대로 불만이고, 상사는 상사대로 불만인 채로 중간에 샌드백처럼 끼어서 '시름시름' 앓았을지도 모른다. 집에 오면 그 스트레스를 아이들과 나에게 일부 풀었을 것이고, 그래도 해결이 안 되면 건강에 이상 증세가 나타났을 것이다. 끊었던 담배도 다시 피웠을 것이고 매일 알코올 냄새가 배인 채로 도어 록 번호를 눌렀을지도 모른다. 주말은 내내 잠을 자야만 했을 거고, 나와 아이들은 '조용조용' 말을 하거나 집을 나와 방황했을지도 모른다. 결국 우리는 우리대로, 남편은 남편대로 피곤함에 아우성을 치고 있었을지도 모른다. 결론은 지금의 모습으로 살아가고 있지는 않을 것 같다.

▶ **창업을 위한 이직**

사람에게 50이라는 나이는 참 많은 생각을 하게 만드는 것 같다. 살아온 날에 대한 회고를 통해 반성도 하고, 셀프 칭찬을 하기도 하고, 살아갈 날에 대한 야심 찬 계획을 세우기도 하는 중요한 시기이다. 기업에서 50이라는 나이는 치고 올라오는 후배들의 눈치를 봐야만 하고, 임원으로의 승진을 갈구하고 애쓰는 시기이기도 하다. 그래서 남자들은 인생 2막을 향해 조심스레 새로운 출발을 도모하기도 한다.

그 고민하는 시기가 남편에게도 여지없이 찾아왔다. 앞으로 경제활동을 해야 하는 기간이 많이 남아 있다는 것은 너무나 잘 알고 있는 사실이었다. 그러나 본인의 자리에서 견디고 버텨 내기엔 자존심 상하는 일이 적잖이 발생되는 것 같았다. 그래서 자기의 이름을 걸고 하는 일을 해 보고 싶어 했다.

두 아들들은 모두 대학생, 만만치 않은 경제력이 필요한 시기였다.
"여보, 나 회사를 그만둘까 생각 중이야."
"…"
"나도 이제 사업을 해 보려고 해. 회사 다니면서 생각해 둔 아이템도 있고, 그 시기가 지금 아니면 현 시장 상황에 밀릴 거 같아. 당신 생각은 어때?"
"언젠간 당신이 할 거라고는 생각했었어. 근데."
"맞아. 나도 애들 등록금 때문에 가장 많은 생각을 했어. 지금은 회사에서 다 지원해 주는데 퇴사를 하고 나면 우리가 다 감당해야 하는 몫이잖아. 근데 애들 졸업할 때까지 기다린다면 그 아이템은 아무짝에도 쓸모가 없게 될 것 같아."
"알았어. 애들 등록금은 내가 좀 모아 놓은 게 있어. 그런 부담 갖지 말고 당신이 하고 싶은 대로 해 봐. 설마 밥이야 굶겠어. 쌀은 엄마가 주시잖아."
"나도 시장 물정을 잘 모르니까 바로 창업하지는 않을 생각이야. 내가 아는 중소기업에서 부사장 자리를 제안해 주셨거든. 일단 거기에 들어가서 일을 좀 배울까 해. 무턱대고 덤볐다가 진짜 밥 굶는 일 생기면 안 되잖아."

"오우, 부사장님이면 승진해서 옮기는 거네. 그럼 난 부사장님 사모님이 되는 거고. 좋아. 좋아."

머릿속에는 주판알을 튕기고 있었지만 수없이 고민했을 남편을 생각하니 다른 이유를 들어 막아 보아도 소용이 없을 거라는 생각이 들었다. 워낙 신중한 성격인지라 나보다 더 많은 경우의 수를 두고 생각했을 거라는 확신이 있었기 때문이다.

주변 사람들이 모두 의아하게 생각했다. 특히나 시부모님께서는 대기업을 그만두고 작은 회사로 옮긴다고 하니 더욱 걱정을 하셨다. 동네 자랑거리였던 아들이었는데 사람들이 잘 모르는 회사에 들어간다고 얘기하기가 좀 그러셨을 것이다. 그래서 '부사장'이라는 타이틀을 크게 강조했다. 워낙 자기 일은 잘해 나가는 큰아들인지라 부모님도 겉으로 내색하지는 않으신 듯했다. 그렇게 해서 남편은 중소기업으로 이직을 했다.

다행히 회사가 집에서 가까운 거리에 있었고, 대표와도 친분이 있었던 터라 이직한 회사에 잘 적응하는 것 같았다. '도원결의'를 하듯이 뜻을 같이 하는 후배들도 영입하고 회사의 성장을 위해 날마다 고민했다. 그러나 부딪히는 문제들이 생겨났다. 그건 바로 기업 문화였다. 대기업에서 경험했던 것과 중소기업에서 경험하는 것에는 많은 차이가 있었다. 남편이 생각하는 상식 밖의 일들로 당황스러운 일들이 많은 듯했다. 영업성과를 내는 일보다 올바른 기업 문화 정착이 시급하다고 느낀 남편은 단기, 중기, 장기 계획을 세우고 구성원들을 면담하기 시작했다.

그러다가 핵심 인력과 마찰이 생겼다.

"이런 방식으로 일을 하면 나중에 그 누군가가 이 일을 대신해야 할 때 어떻게 하겠습니까? 정확한 포맷이 있어야 하고, 그걸 정형화해서 표준화된 프로그램으로 만들어야 합니다. 정확한 산출물 관리가 필요합니다."

"그렇게 일을 하지 않아도 잘하고 있습니다. 지금 할 일도 많은데 그 전에 일했던 것 모두를 그렇게 하기는 힘이 듭니다. 저는 못하겠습니다."

자존심이 상하기도 했고, 이제 영입된 임원이 이런 요구를 하니 그 직원은 자신의 최고 무기인 퇴사를 강하게 주장했다.

"알겠습니다. 그럼 업무 정리를 하는 데 언제까지 시간을 드리면 되겠습니까? 저도 다른 사람을 물색해야 하니 빠른 시간 내에 답을 주시기 바랍니다."

속으로는 엄청 쫄리고 떨렸겠지만 그 직원의 독단을 제지해야만 했었다고 한다. 쉽게 퇴사를 운운하며 경영진을 향해 겁주듯이 하는 그 직원에게 뭔가를 보여 줘야만 했다고 한다.

며칠이 지나 그 직원은 이렇게 답변을 했다.

"부사장님이 말씀하신 대로 자료를 정리하도록 하겠습니다." 그제야 남편은 놀란 가슴을 몰래 쓸어내려야 했다.

이런저런 일들을 겪으며 남편은 시장 상황을 정확히 간파하는 안목을 갖추게 되었다. 이직한 지 정확히 6개월이 지난 후였다.

"여보, 나 이제 확신이 생겼어. 잘할 수 있다는 확신. 그래서 내 일을 본격적으로 시작해 보려고 해."

"언제부터?"

"이제 사무실이랑 집기를 알아보고 본격적으로 준비해야지."

"괜찮겠어? 확실히 다른 기업 문화 때문에 힘들다고 했었는데 잘 이끌어 갈 수 있을 거 같아?"

"짧은 시간일 수도 있는데 6개월을 보내면서 나름대로 어떤 방향으로 기업을 만들어 갈 것인지에 대한 틀이 확실히 생겼어. 잘할 수 있을 것 같아."

"그래요. 그럼 나도 승진하는 거네. 부사장님 사모님에서 사장님 사모님으로. 당신이 생각한 대로 해 봐."

알고 봤더니 남편은 대기업에 다니는 중에도 중소기업에서 보내는 6개월 동안에도 틈틈이 창업에 대한 공부를 했었고, 사람 관리를 꾸준히 하고 있었던 것이었다.

사무실도 순조롭게 구해졌고, 회사 이름도 정해졌다. 대표이사라는 명함이 생긴 날, 그것을 쥐어 주며 나에게 가장 먼저 주는 것이라고 말했다.

"대표이사 사모님, 축하드립니다. 정말 열심히 해 보겠습니다."

"축하합니다. 당신은 잘할 거라고 믿어. 밥 굶지 않게 잘하셔요."

그렇게 시작된 창업, 지금도 대표이사인 남편은 아침 9시 전에 출근을 하고 근무 시간을 꽉 채운 후에 퇴근을 한다. 물론 주말에도 회사에 나가 바쁜 업무를 처리하기도 한다.

"뭐야? TV에서 보면 사장님들은 느긋하게 출근하고 본인이 쉬고 싶은 날은 좀 쉬기도 하던데 어째 예전보다 더 바빠. 난 언제쯤 백화점 쇼핑 다니나?"

"쫌만 기다려. 반드시 그렇게 해 줄게."

그날을 꿈꾸며 오늘도 우리는 파이팅 넘치는 매일매일을 보내고 있다.

7. 목표와 목적이 있는 삶

　오늘도 고3 수험생인 남학생은 책상 앞에서 책과 씨름 중이다. 안방에서는 여동생들이 텔레비전을 보면서 '까르르까르르' 웃고 있지만 그 소리도 이 남학생의 다짐 안에서는 사치라고 생각된다. 저녁을 든든히 먹고 공부를 시작했지만 머리를 많이 써서 그런지 금세 배에서 꼬르륵 소리가 난다. 돼지고기를 원 없이 먹고 싶기도 하지만 엄마에게 그 마음을 털어놓지는 못했다. 가족들이 독방을 내준 것도 그 남학생에게는 호사를 누린다고 느꼈기 때문이다. 까르르 웃던 소리도 잠잠해지고 안방은 어둠이 내려앉았다. 그러고도 얼마가 지났을까? 그 남학생은 기지개를 켜며 창밖을 내다본다. 대부분은 내일을 준비하려고 곤한 잠을 청했지만 몇몇 집은 아직도 불이 훤히 밝혀져 있다. 저마다 불을 밝히고 있는 이유는 다르겠지만 그 남학생은 그 불빛이 자신과 같은 고3 수험생의 집인 것만 같다. 밀려오는 잠을 쫓고자 심호흡을 길게 한 번 한다.
　'아직도 공부하는 학생들이 있네. 그렇다면 나도 잘 수 없지.'
　이런 맘으로 축 내려앉은 눈꺼풀을 애써 치켜 올려 본다. 그렇게 한참이 지났다. 다시 한번 창문을 열어 본다. 드디어 칠흑 같은 어둠만이 그를 맞이해 준다.
　'그래. 오늘도 내가 이겼어. 이제 자도 되겠어.' 그제야 뿌듯한 마음으로 전등 스위치를 내린다.

　남편의 이야기다. 자신이 목적한 바, 목표가 있으면 어떻게든 그 일을 해내고야 마는 남편이다.

아이들이 느슨해 있거나 정신을 못 차린다 싶으면 항상 되뇌는 고정 레퍼토리가 있다.

"아빠는 다른 집 창문에 불이 들어와 있으면 잠을 안 잤어. 불이 다 꺼진 후에야 잠이 들었지. 그때 그 기분을 경험해 보지 않은 사람은 전혀 모를 거야. 승리자가 된 듯한 그 기분을."

▶ 머리로 기억하는 목표 설정보다
　입으로 말하고 손으로 기록하는 목표 설정을 하자

우리는 늘 계획이라는 것을 세운다. 연초에 세우는 연간 계획이 있기도 하고 영업 조직에서는 반기 단위, 분기 단위, 월 단위, 주 단위의 목표 달성 계획을 세우기도 한다. 계획한 대로 목표가 이루어진다면 더할 나위 없이 좋겠지만 때로는 목표가 그냥 허울 좋은 계획으로만 끝나기도 한다.

우리는 왜 목표 달성에 실패하는 것일까?

그것은 아마도 우리 스스로가 목표에 달성할 수 있다는 것을 의심하기 때문일 것이다. 또한 원하는 바를 이루지 못했을 경우 더 이상 실망하지 않으려고, 냉소적이거나 자기방어적인 태도를 취하기 때문일 것이다.

일단 나를 믿고 시작해 보자.

분명한 목표가 세워졌다면 머리로만 기억하지 말고, 내 주변에 있는 사람들에게 내 목표를 당당히 발표해 보자. 내가 한 말에 책임을 지려는 마음 때문에, 지켜보는 그들에게 지속적인 실행력을 과시하게 된다. 그러다 혹 안일해졌을 때 주변의 사람들은 나에게 자극을 주게 되고, 그로 인해 다시 한번 실행에 옮길 수 있는 용기가 생긴다.

하지만 우리는 상대방과의 관계가 느슨해지거나 피치 못할 사정으로 돌아서 버렸을 때를 대비해야만 한다. 그것이 바로 '기록으로 남기는 것'이다. 물론 기록으로 남긴다고 해서 모든 목표가 달성되지는 않는다. 하지만 적어도 기록을 함으로써 목표를 달성할 수 있는 확률을 높일 수 있다.

이것을 '서면 목표'라고 하는데 이를 실천하면 다음과 같은 결과를 얻을 수 있다.

첫째, 내가 원하는 것을 명확히 알게 된다.
둘째, 저항을 극복하도록 돕는다.
셋째, 행동에 옮기도록 끊임없이 스스로를 자극한다.
넷째, 다른 기회를 만날 수도 있다.
다섯째, 진행 상황을 수시로 확인하고 기념할 수 있게 된다.

이처럼 꼼꼼하게 기록하고, 진행 사항을 스스로 모니터링하는 힘을 기른다면 자신이 원하는 목적지에 꼭 다다를 수 있을 것이다.

▶ 매일매일의 티타임

오늘도 오전 업무를 시작하는 대표이사는 직원들을 회의실로 부른다.
"간단히 티타임을 갖죠. 주간 회의는 일주일에 한 번 하고 다른 날은 소소한 이야기 나누는 걸로."
저마다 커피 잔을 들고 모인다. 그러나 대표이사의 손에는 커피 잔과 다이어리가 들려 있다. 늘 그렇듯이 아침 일찍 출근하면 그날의 할 일을 메모한다. 생각나는 일이 있으면 놓칠세라 다이어리에 꼼꼼히 기록한다.
"어제는 다른 업체랑 미팅이 있었는데" 하고 가볍게 시작하지만 결국 보드 판에 메모를 하며 설명을 시작한다. 한참 열변을 토하다 겸연쩍게 미소를 보내며 한마디 한다.
"아, 그냥 얼굴 보려고 모이자 해 놓고 길어졌네. 미안, 미안. 자세한 얘기는 주간 회의 때 다시 하는 걸로."
대표의 다이어리를 들여다보면 해야 할 일이 너무 많아 다 하고 나면 과로로 쓰러질 것 같다. '슬로우, 슬로우'를 외치지만 그의 일 욕심과 완벽을 추구하는 디테일은 쉽사리 바뀌지는 않는다는 것을 나는 너무도 잘 안다.

"대표님, 이번 달 문화의 날 행사 때는 무얼 하시나요?"
"이번 달은 볼링 한 게임 칠까요? 지난달은 영화 봤으니까. 저녁은 무엇으로 먹을까요?"

84 · 우리, 대화하고 있나요?

"대표님이 추천해 주신 집은 다 맛집이던데요. 이번엔 어디로 가요?"
"그럼 양꼬치 어때요? 진짜 맛있는 집 있는데."

음식이 나오자마자 젊은 직원들은 사진을 찍느라 바쁘다. 친구들에게 자랑해야 한단다. 늘 착한 가격의 양꼬치만 먹다가 럭셔리한 양꼬치를 먹게 되니 이것이야말로 자랑할 타이밍이라고 하는 '자랑 각'인 것이다.

서로에게 감사와 칭찬 인사를 건네며 술잔이 채워진다.

"이번 한 달도 고생 많았어요. 지금처럼 하면 돼요. 자 건배."

신나게 술잔을 부딪치며 오늘을 즐기기 시작한다. 한 잔, 두 잔 알코올이 몸속에 스며들 때쯤 대표님이 이야기를 꺼낸다.

"지난 프로젝트 때 아쉬웠던 점은 이러이러했고, 이건 이런 방향으로 가닥을 잡아야 할 것 같고…"

그러자 직원들의 시선이 테이블을 향한다. 그들의 시선을 느꼈나 보다.

"자, 일 얘기는 여기까지 하는 걸로. 볼링장으로 고고고 합시다."

직원들은 볼링 핀에 그 누군가의 얼굴을 떠올리며 무거운 공을 힘차게 굴렸을 것이다. '스트라이크'가 날 때마다 '깡충깡충' 뛸 듯이 환호한다. 회식 상황을 어찌 이렇게 잘 아느냐고 묻는다면, 나도 남편 회사에 출근하고 있기 때문이다.

몸과 마음이 노곤노곤해지면 회식이 마무리된다. 집에 오는 길에 지친 몸을 기대며 남편이 한마디 건넨다.

"나, 잘하고 있는 거겠지?"

"아무렴요. 누구신데요. 오늘 당신이 보드 판에 메모를 하면서 설명

할 때 좀 멋지더라. 중간중간 잔소리를 좀 빼고 담백하게 회의를 진행하면 더 좋을 것 같고."

"내가 좀 잔소리가 많은 편인가? 내가 사람들을 그렇게 까칠하게 대하는 것 같아?"

"누가 그래?"

"내가 아는 어떤 사람이 그러더라고."

"당신은 까칠한 것이 아니라 깐깐한 거지. 업무에 있어서는 그 누구보다도 꼼꼼히 점검하잖아."

"그치? 다른 사람들이 어려워할 정도로 까칠한 거는 아니지?"

"그럼. 그래도 좀 여유를 갖고 '스마일' 하면 더 좋겠지."

"그건 그래."

이렇게 우린 서로를 격려하며 경건한 퇴근을 한다.

제3장

소유물이 아닌 존중받는 아이들

우리는 아이들을 통해 내가 이루지 못한 꿈을 다시 꾸기도 한다. 그러면 안 된다는 것도 너무나 잘 알고는 있지만 순간순간 그 사실을 망각한 채 또 욕심을 부려 보기도 한다. 각 과정마다의 결과물을 보고, 아이의 기분은 아랑곳하지 않고 내 실망감을 과감히 표현하기도 한다. 서로에게 상처가 되었다는 것을 인식하고 후회하며, 다시 그러지 않겠노라고 다짐을 하지만 참 어리석게도 여지없이 반복을 거듭한다. 지나고 나면 '이것밖에 안 되는 엄마였던가?' 하는 자책감으로 스스로를 힘들게 만들기도 한다. 아이들은 끊임없이 '날 있는 그대로 봐 주세요. 나 좀 이해해 주세요.'라고 텔레파시를 보내고 있는데, 좀 더 큰 성과를 위한 일에만 신경을 쓰기도 한다. '이렇게 하면 조금 더 나아질 텐데. 이렇게 하면 실패하지 않고 성공할 수 있을 텐데.' 하는 마음으로 내 경험치를 수도 없이 이야기한다. 아니, 강요를 하는 것이 맞는 표현일지도 모른다. 지나고 나면 별일 아니었는데 그 당시에는 세상이 끝난 것처럼 '시름시름' 앓다가 드러눕기도 한다. 내 자신도 마음대로 안 되는 일이 많으면서, 아이들이 내 맘대로 안 되면 채찍질을 가하기도 한다. 나한테는 관대하면서 아이들에게는 틈을 주지 않는다. 3장에서는 아이들과 실수를 통해 배운 내용들을 잠시 소개하고자 한다.

1. 오롯이 인정하기

의사소통 강의를 수강하며 있었던 일이다. 나름 모범생인 나는 강사가 내 주는 숙제는 반드시 준비를 해 가는 편이다.

"선생님들, 이번 주는 아이에게 확인받고 오는 아주 간단한 과제를 드리겠습니다. 엄마가 했던 말 중에 가장 듣기 싫었던 말, 마음 아팠던 말을 물어봐 주세요."

큰아이랑 외출하는 길에 갑자기 과제가 생각났고 조심스럽게 질문을 던졌다.

"아들, 엄마가 너한테 했던 말 중에 상처가 된 말이 있었을까?"
"왜? 엄마 어디서 또 뭐 듣는구먼."
"맞아. 강사님이 숙제를 내 주셨어."
"글쎄, 특별히 기억나는 건 없는데. 엄마가 말을 독하게 하는 편은 아니잖아."
"그런가? 다행이네."

휴, 속으로 짧은 안도의 한숨을 내쉰다. 그러곤 다른 이야기를 계속 이어 간다.

"아, 나 생각난 거 있다. 말보다는 뚜렷이 기억되는 장면이 하나 있어."
"그래? 그게 뭔데?"
"엄마는 기억나지 않을 수도 있는데 내가 중학교 1학년 때야. 내가 1학기 중간고사를 좀 못 봤잖아. 엄마랑 아빠는 기대를 많이 하셨을 텐데 생각보다 너무 안 나온 거야. 그래서 기말고사 때는 정말 열심히 공부했거든. 그 결과 성적이 엄청 올랐지. 근데 그때 엄마가 진짜 폭풍 칭찬을 하는 거야."

"칭찬을 했는데 뭐가 문제였을까?"

"아니, 내가 칭찬받은 건 너무 좋은 일이지. 근데 엄마가 너무나 격한 반응을 보인 거야. '나는 공부 말고도 잘하는 것이 많은데 엄마는 공부로만 나를 평가하고 있었구나!' 싶더라고. '내가 공부를 못하면 난 사람 취급 못 받는 거 아냐?'라는 생각도 들더라니까."

"진짜? 그런 일이 있었어? 엄마는 그 장면이 확실히 기억나지는 않는데 네가 중간고사를 너무 못 봐서 실망을 많이 하긴 했어. 사람들이 중학교 1학년 1학기 성적이 그대로 이어진다며 점검을 잘해야 한다고 그랬었거든. 네가 초등학교 때랑 다른 성적이 나와서 좀 좌절했었지. 근데 1학기 기말고사 때 네가 공부를 열심히 했고 성적이 올라서 기분이 좋았던 기억은 있어."

"크게 상처로 남지는 않았지만 엄마가 물어봐서 생각해 보니까 그때 그 장면이 떠오르더라고."

"엄마가 경솔했네. 그때 너무 오버했나 보다. 그래서 열심히 안 한 건 아니지?"

"뭐, 지나고 나면 늘 아쉬워."

"그걸 알면 잘하면 되는데, 그게 참 안 돼. 그치? 사실 엄마도 그래."

칭찬에도 신중함이 있어야 함을 오늘도 또 배운다.

▶ 인정받는 만큼 성장한다

그리 나쁜 성적이 아니었던지라 큰아들은 자사고에 들어갔다. 좋은 말로 환경 적응을 잘하는 친구라 일반고보다는 나을 듯싶었다. 1~2학년은 그냥 별 탈 없이 지나갔다. 성적도 '오르락내리락'이 아닌, 그냥 꾸준한 상태를 유지했다. 그러나 그 상태는 결코 우리가 원한 상태가 아니었다는 것이다.

그래서 우리는 특단의 조취를 감행했다. 아들이 고3 올라가는 겨울방학에 기숙 학원으로의 입소를 감행하게 된 것이다. 이대로는 도저히 '대학 입학'이라는 답을 찾을 수가 없었기 때문이다. 주변 사람들은 무모한 결정이라고도 했지만 그래도 작은 희망이라도 품어 보고자 아들과 상의해서 결정한 일이었다.

한 달을 아이가 잘 견뎌 주었다. 소식을 일체 주고받을 수 없었기 때문에 너무나 궁금하기도 했지만 믿어 주기로 했다. 아니 믿어 보려고 애를 썼다. 그 한 달이란 시간이 우리 가족 모두를 성장하게 만들었다. 부모는 아이를 기다려 줘야 한다는 것을 알았고, 아들은 열심히 공부해야 한다는 것을 깨닫는 시간이었다.

아들은 고3을 정말 치열하게 살았다. 학교 기숙사 생활을 정리하고 통학을 했다. 시간은 좀 걸렸지만 올 적, 갈 적 단어장을 들고 다니며 시간을 효율적으로 쓰기 시작했다. 학교 갔다 돌아오면 바로 과외를 갔다가 독서실에 들러 밤 12시가 되어야 집에 귀가했다. 그리고는 새벽

3~4시까지 공부를 하다 잠이 들었다. 늦은 밤 환히 밝혀진 아들의 방을 보며 남편은 흐뭇한 미소를 짓고 다시 잠자리에 들었다고 한다. 남편은 그런 아들을 보며 자기 고3 때가 생각났다고 했다.

"여보, 아들 지치지 않게 음식 잘 챙겨 줘. 공부할 때는 먹어도, 먹어도 배가 고픈 법이야. 고기도 다양하게 챙겨 주고."

노력한 결과는 곧바로 성적에 나타났다. 모의고사를 볼 때마다 성적이 일취월장 올라갔다. 다른 사람들은 지옥의 고3이라고 하지만 우리 가족은 즐거웠다. 아이는 아이대로 성적이 올라서 더욱 신나게 공부를 했고, 부모는 부모대로 그런 아이를 보며 진학할 대학 리스트를 업그레이드시키기도 했다. 책상 앞 보드 판에는 국내 대학 리스트와 대학 로고가 담긴 프린트물이 부착되어 있었는데, 성적이 나올 때마다 목표 학교를 가리키는 압정이 점점 상승했다. 소위 말하는 SKY 입학도 그리 힘들지 않게 되었다. 책상 가득 쌓여 있는 책과 문제집을 보면서 기분 좋은 잔소리를 했다.

"아들, 엄마가 저것들 좀 정리했으면 하는데."
"엄마, 그냥 둬. 내가 수능 끝나고 와서 한꺼번에 확 버릴 거니까."

수능일, 아들을 시험 장소에 데려다주고 남편과 나는 행복한 고민을 했다.

"여보, 이 기세면 울 아들 만점 나오는 거 아니야? 만약 만점 나오면 어디로 보낼까?"

하루 종일 마음을 졸이며 기다리다가 끝나는 시간에 맞춰 아들을 데리러 갔다. 그런데 아들의 표정이 그리 밝지 않았다.

"엄마, 나 수능 망친 거 같아."

눈물이 핑 돌았다. 아들이 어떤 마음으로 그 얘기를 하는지 너무나 잘 알았기 때문에 뭐라고 대꾸해야 할지 한참을 망설였다.

"괜찮아. 그동안 노력 많이 한 거 알아. 오늘은 아무 생각 말고 푹 쉬어."

무거운 침묵으로 집에 도착하자마자 아들은 자기 방으로 '휙' 들어가 버렸다. 저녁도 먹지 않고 한참 동안 마음 정리를 하고 나왔다.

"엄마, 나 이 책들 못 버릴 거 같아. 다시 봐야 할 듯해. 재수하고 싶은데 그래도 될까?"

평상시에 재수는 안 된다고 늘 얘기를 했었기에 아들은 내 생각을 물었다.

"그럼, 네가 그렇게 아쉽다면 네 생각대로 해야지. 1년 더 공부한다고 생각해."

엄마 말에 안도를 하고 아들은 잠을 자야겠다며 방으로 다시 들어갔다.

저녁 늦게 기대를 안고 돌아온 남편이 집안 분위기의 냉랭함에 조심스레 묻는다.

"왜? 시험 못 봤대? 규진이는?"

"응. 저녁도 안 먹고 잔다고 방에 들어가서는 아직 안 나오고 있어."

"그래? 그럼 오늘은 그냥 두자고. 그래도 우리 아들 정말 노력 많이 했어. 그건 인정해 줘야 해."

그 후에 어찌 되었을까? 수시 원서를 넣었던 6군데 대학 입학에 실패하여 우울해 있는 아들에게 정시 원서를 넣은 학교에서 합격 소식이 들려왔다.

"어떻게 할 거야?"

"엄마는 어떻게 했으면 좋겠어?"

"네 생각이 중요하지. 네가 결정하는 대로 할 거야."

며칠을 고민하던 아들은 입학을 하는 것으로 결정했다.

"후회하지 않겠어? 엄마는 네가 재수를 해도 괜찮아."

"엄마, 나도 잘 모르겠어. 재수한다고 생각하면 뭔가 다른 결과가 있을 거 같기도 하고 불안하기도 하고 그래."

그렇게 대학에 입학한 아들은 정말 신나게 학교생활을 즐겼다.

지금도 우리 가족이 기분 좋은 날 술 한잔하며 대화거리로 등장하는 큰아들의 고3 시절은 아들의 가능성을 다시 확인하는 소중한 시간이 되고 있다.

"넌 할 수 있어. 그때 넌 대단했거든. 아빠는 네가 그러다 쓰러지면 어쩌나 걱정도 했어. 어떤 일이든 그렇게 목표와 목적을 갖고 살아가면 돼."

2. 무너진 감정 다시 채우기

흔히 엄마들끼리 수다 삼매경에 빠지다 보면 너무나 다른 아이들을 보며 이런 얘기를 한다.

"아니, 한 배 속에서 태어난 아이들인데 어쩜 이렇게 다를 수가 있어? 정말 내가 손으로 빚을 수만 있으면 둘을 딱 합쳐서 '주물주물' 주물러서 둘로 똑같이 나눴으면 좋겠어."

우리 아이들도 그렇다. 많이 닮은 것 같다가도 어찌 이리 다를까 싶기도 하다. 그중에 자신의 생각을 표현하는 것에 있어서는 더 많은 차이를 보인다. 큰아이는 '주저리주저리' 얘기하는 걸 좋아하는 반면, 작은아이는 무슨 생각을 하는지 도통 감을 잡을 수가 없다. 어렸을 때는 더했다. 시댁, 친정 식구들과 함께하는 모임이 있을 때도 큰애는 쉴 사이 없이 '조잘조잘' 얘기를 하는데 작은아이는 주로 '배시시' 웃으며 입을 꼭 다물고 경청 모드로 들어간다. 어느 때는 답답할 정도로 묵언 수행을 하기도 한다. 누가 뭐라고 해도 황소고집을 피운다. 얘기하는 사람이 답답해서 결국 포기를 하고 만다.

작은아들과의 갈등이 최고조에 이르렀을 때가 수능이 끝나고 나서였다. 수시에 실패하고 나서 아이는 어떻게 시간을 보내야 할지를 모르는 것 같았다. 하루 종일 방 안에 앉아 핸드폰을 끼고 살았다. 나가서 친구를 만나던가 아니면 여행이라도 다녀왔으면 좋겠건만 아침 먹고 눕고, 점심 먹고 눕고, 저녁 먹고 또 눕기를 반복한다. 계속해서 거슬리는 것만 눈에 들어왔다. 뭐라도 좀 하라고 하면 "엄마, 나 좀 그냥 내버려 둬. 나 쉬고 싶어." 하고 입을 불쑥 내밀고 이야기를 한다. 그러고는 방으로 휙 들어가 버린다.

그러다가 우연히 심리 상담이라는 것을 받게 되었다. 가벼운 마음으로 맘속의 이야기라도 풀어내어 보라고 보낸 곳이었다. 한두 번 가면 될 줄 알았는데 한 달 4주를 꽉 채운 상담을 받았다. 마지막 상담을 마치고 온 날 작은아들이 "엄마, 상담사님이 다음 주엔 엄마만 오래. 뭐 하실 말이 있대." 이런다.

"왜? 무슨 일인데. 뭐 심각한 일 있었어?"

"몰라. 그냥 오시래."

걱정 반, 설렘 반으로 상담실 문을 열었다.

"어머님, 상진이가 했던 검사지인데 어머님도 잠깐 시간을 내서 해 보시겠어요? 두 자료를 보면서 말씀드리는 것이 좋을 것 같아요." 하는 상담사의 안내대로 열심히 질문에 대한 답을 써 내려갔다.

"어머님, 이건 아드님 결과이고 이건 어머님 결과입니다. 정말 많이 다르시네요. 그동안 어머님도 힘드셨겠지만 아드님이 너무나 힘들어했던 것 같아요." 하며 상담사는 이야기를 시작한다. 설명을 듣는 내내 정말 '엉엉' 울었다.

"아드님도 많이 울었습니다. 생각하는 것이 어머님과 너무 달라서 늘 실망하는 어머님께 죄송한 마음도 컸지만 본인을 이해해 주지 못하는 엄마에 대해 서운해하는 면도 많이 갖고 있더라고요. 다행인 것은 아이도 변화를 위해 노력해 본다고 저하고 약속을 했어요. 상담하는 동안에도 조금씩 달라지는 모습을 볼 수 있었고요. 오늘은 집에 가셔서 아들의 마음을 잘 어루만져 주세요. 가족의 소중함을 너무나 잘 알고 있고, 부모님과 형에 대한 사랑이 많아요. 몸과 마음이 건강한 삶을 살 수 있도록 어머님이 많이 도와주세요."

"감사합니다. 감사합니다. 정말 잘하겠습니다."

몇 번의 인사를 건네고 버스에 올랐다. 참 많은 생각이 들었다. 집으로 돌아왔더니 작은아들이 머쓱한 표정으로 반겨 준다.

"엄마, 상담사님이랑 얘기 잘했어? 뭐래? 나 문제 있다고 그래?"

"아니야. 아주 잘하고 있대. 엄마가 네 맘을 잘 몰라 줘서 미안해. 엄마한테 얘기해 주지 그랬어. 앞으로는 속상하거나 서운한 일이 있으면 얘기해 줘. 그래야 엄마도 고치지. 우리 잘해 보자."

나와 다름이 분명하다는 것을 알고 나니 마음이 조금은 가벼워졌다. 어른인 내가 조금 더 많이 이해하고 서로를 이해시키면 된다. 가끔은 이렇게 객관적으로 나를 돌아보는 시간을 가져야겠다는 생각이 든다.

▶ **타고난 기질이 확실히 다르더라고요**

지인이 미술과 심리에 대한 강좌를 연다는 메시지를 보냈다. 평소 관심이 많은 작은아들과 함께할 수 있는 시간이 주어졌다. 아들의 의사를 묻고 스케줄을 살펴본 후 냉큼 신청을 했다.

강의가 시작되자마자 각자 소개를 마친 후 기질 체크를 위한 테스트를 실시했다. 간단한 도형을 그려 봄으로써 1차 기질과 2차 기질을 알 수 있는 것인데 강사님의 부연 설명을 들으며 우리는 폭풍 공감의 뜻으로 연신 고개를 끄덕였다.

간단히 설명을 한다면 난 일을 중시하는 내면형 기질을 갖고 있었다. 특징을 나열하자면 혼자서도 잘 놀 수 있는 기질을 갖고 있고, 직관력과 예지력이 뛰어나며 일을 할 때는 완벽을 추구한다. 문제점을 잘 지적하기 때문에 약간은 부정적인 면이 있다. 정의롭고 섬세하기 때문에 자아 성찰을 잘하며 그 내용을 다른 사람과 공유하고 공감을 받았을 때 즐거움을 느낀다. 혼자 조용히 카페에 앉아 쉬는 시간을 좋아한다. 이 기질의 삶의 욕구는 '올바르게 살자!'이다.

사람과의 관계를 중시하는 작은아들은 외향형의 기질을 갖고 있다. 순간 집중력이 좋다. 잔머리 쓰는 것을 좋아하지만 완벽하지 않아 결국 들키고 마는 거짓말을 한다. 사람과 함께 있어야 하고 나서는 것을 좋아한다. 그러면서 사람들의 반응을 관찰하는데, 반응이 좋으면 즐거움도 크다. 말을 잘하는 편이며 다른 사람을 즐겁게 만들어 주기 위해 노력을 한다. 칭찬과 격려를 좋아하며 가지고 있는 에너지는 자연에서 푸는 것도 성장에 도움이 된다. 이 기질의 삶의 욕구는 '재미있게 살자!'이다.

다름이 확실히 드러났다. 인물화, 집·나무 그리기, 비 오는 날 그리기, 풍경화, 혼자 걷는 길, 동굴화 등 다양한 그림을 그려 보았는데 정말 아들과 나는 많이 달랐다. 예전 같으면 '왜 이렇게 다를까?'를 고민했을 텐데, 이제 '우리는 이렇게 다르구나! 서로에게 도움이 되는 소통을 해야겠다.' 하는 생각으로 결론을 내린다.

마지막 단계는 나를 대표하는 명함 푯말을 만드는 것이다. 아들은 '잘생긴 심리 상담전문가'라는 타이틀로, 난 '베스트셀러 작가'로 의지를 표현했다. 서로에게 격려의 말을 주고받으며 말이다.

2주간 오전 10시부터 오후 5시 반까지 흔들림 없는 자세로 함께한 시간이 너무 좋았다. 그리고 고마웠다. 큰아들과 남편의 기질도 살펴봐야겠다. 단언컨대 남편은 나와 같은 기질로 나타날 것이고 큰아들은 또 다른 기질로 나타날 것이다. 각각의 기질은 다르지만 우리는 서로 배려하고 이해하며 '가족'이라는 울타리 안에서 행복을 만들어 갈 것이다.

3. 무모한 도전? 꿈을 향한 질주?

자신이 하고자 하는 일, 꿈을 실현한 사람들은 얼마나 될까? 시시때때로 변하는 어린아이들과는 달리, 고등학생이 되어서는 자신의 꿈이 견고해져야 한다고 생각한다. 그래야 대학 진학 시 흔들림 없이 진로를 결정할 수 있기 때문이다. 우리 아들들도 그러길 바랐지만 대학 진학을 수월하게 하지는 못했다. 그래서 어쩔 수 없이 성적에 맞춰 자신의 진로를 결정하게 되었다. 마음이 아팠지만 취업이라는 관문이라도 힘들지 않게 통과했으면 하는 바람으로, 나름 전략적으로 전공을 선택하게 되었다. 제발 잘 적응해 주기만을 바라면서 대학 생활을 시작하게 되었다.

그러던 어느 날이었다.
"엄마, 나 자퇴하려고 해."
대학 1학년 1학기를 잘 보내고 2학기 개강 후 3일 정도 지나서 작은아들에게서 온 전화 내용이다. 기숙사 입소를 해야 했기 때문에 '바리바리' 짐을 싸다주고 잘 지내라는 인사를 하고 집에 돌아온 지 3일 만에 청천벽력 같은 통보를 받은 것이다.
"왜? 무슨 일인데?"
"내가 내 미래에 대해 정말 곰곰이 생각해 보았는데 지금 공부하는 것은 별 흥미가 없어. 자퇴를 하고 군대부터 갔다 와서 수능을 보고 다른 과로 진로를 결정하려고."
"그래서 어떤 공부를 하고 싶은데?"

"심리 상담을 하고 싶어. 내가 방학 때 공부를 해 보니까 적성에 맞는 것 같아. 예전부터 관심이 있던 분야이기도 하고."

"그런 중요한 얘기를 전화 통화로 결정한다는 것은 아닌 거 같아. 좀 더 고민해 보고 선배나 교수님과도 면담해 보고 그리고 네가 엄마, 아빠를 설득할 수 있는 근거를 만들어서 얘기를 해 보자. 그럼 우리도 다시 생각해 볼게."

정말 어쩐 일인지 방학 동안 책상 앞에 진득하게 앉아 뭔가를 했던 아들, 고등학교 때도 그렇게 열심히 하지는 않았던 아이라 뭔 일인가 싶었는데, 그 공부가 심리 상담이었나 보다. 민간 자격증도 땄다고 했었다. 그거였나 보다.

며칠 후 아들과 얘기를 하면서도 우리는 확신을 가질 수 없었다. 기숙사로 돌려보내면서도 마음이 서로 무겁기만 했다. 그 후에도 한참을, 수시로 연락하며 많은 얘기를 나눴다. 그러다 아들의 울먹거리는 목소리에 결정을 하게 되었다.

"엄마, 진짜 내가 하고 싶은 일을 이제서 찾았어. 그동안은 내가 딱히 무얼 하고 싶다는 생각을 못했었는데 이번엔 진짜 절실해. 나 정말 하고 싶어 심리 상담."

"후회하지 않을 자신 있어?"

"응. 절대 후회하지 않도록 열심히 할게."

"알았어. 너도 성인이니까 너의 생각과 판단을 믿어 줄게. 그리고 네 말에 책임이 따라야 한다는 건 잘 알지? 넌 한다면 하는 녀석이니까 믿을게."
"고마워 엄마. 아빠도."

그러나 무작정 자퇴를 한다는 것이 너무 두려웠다. 그래서 일단 일반 휴학 처리를 하고 짐을 싸서 집으로 돌아왔다. 포부를 가득 안고.

과감함과 무모함은 한 끗 차이라고들 한다. 과감하다는 것은 논리나 기준 등에 의해 성공 확률을 높여 수행하는 것이고, 무모하다는 것은 앞뒤를 깊이 헤아려 생각하는 분별력이 없는 것을 의미한다고 한다. 작은아들의 도전은 과감함이란 단어 안에서 이루어진 결과일 것이라고 믿어 보기로 했다.

▶ 공부가 그리 쉬웠을까요?

"엄마, 과목별 문제집 좀 보내 주실래요?", "다른 과목은 어찌해 보겠는데 수학이 어려워요. 정석을 보내 주시겠어요?", "모의고사 문제집도 보내 주실래요?" 이렇게 아들은 군대에서 공부에 도움이 될 자료들을 요청했다. GP 근무를 했기 때문에 여유가 생길 때마다 공부를 할 수 있을 거라고 했다.

부모가 할 일은 아프지 않게 군 복무를 잘 마치기만을 바라야 하는데 우리는 사정이 좀 달랐다. 중간중간 공부는 잘되어 가는지, 필요한 교재는 무엇이 있는지를 챙겨야 했다. 아들도 상병 초반까지는 잘 참고 이겨 내는 것 같았다. 그러다 결국 우려하던 문제가 발생되었다. 상병 말 호봉 때였다.

아무리 해도 성과가 나지 않는 자신을 보고 두려웠을 거라 생각된다. 급한 호출이 왔다.
"엄마, 나 어쩌면 좋아. 집중해서 해도 자꾸 까먹게 되고 머릿속이 점점 하얗게 돼. 점점 자신이 없어져. 어떻게 해야 할까?"
서둘러 면회를 갔는데 아들의 얼굴이 반쪽이다. 그동안 얼마나 많은 고민과 갈등을 했을지 얼굴에 그려졌다.
"그래서 넌 어떻게 했으면 좋겠어? 네 나름대로 어떤 결론을 내렸을 거 같은데."
"엄마 그게…"
한참을 망설인다.
"괜찮아. 엄마, 아빠는 네 생각을 존중할 거니까 얘기해 봐."
"아무리 생각해도 영 자신이 없어. 군 전역 후 그냥 복학을 할까 해."
"그래서?"
"일단 복학해서 1학년을 마치고 전과를 하려고 해. 우리 학교에 심리상담학과가 생겼거든. 그렇게 2학년을 마치고 나면 편입을 할까 생각 중이야."
"네 생각이 그렇다면 그렇게 해야지. 지난번에 네가 휴학하고 군대에 와서 공부해서 수능을 다시 본다고 했을 때 우린 진짜 널 응원했어. 상황이 여의치 않아서 결국 그렇게 되진 않았지만 너도 열심히 노력했을 거라고 생각해. 어찌 되었건 처음에 약속했던 부분을 네가 지키지 못한 것은 너무 아쉬워. 다만 엄마, 아빠랑 약속할 게 하나 있어. 전과도 좋은데 반드시 편입에는 성공을 해야 한다는 거야. 너도 알다시피 지방 학교 심리상담학과 졸업장으로 취업하기는 그리 쉽지 않을 거야."

"응. 그래서 편입은 반드시 해야 해."

"그럼, 엄마 아빠가 다시 한번 널 믿어 볼게. 진짜 할 수 있는 거지?"

"응. 고마워요. 그 약속은 꼭 지킬게요."

이렇게 면회를 마치며 본인의 야무진 다짐을 약속했다.

집에 돌아오는 길, 남편과 나는 침묵을 지켰다.

약속이라도 한 듯이, "차라리 자퇴를 했어야 했던 것은 아닐까?"라는 공통분모를 확인하고 우리는 또 한 번 우리 스스로를 위로하고 격려했다.

정말 잘하는 일, 잘할 수 있는 일을 꿈으로 정하고, 그 꿈을 위해 열심히 노력해야 한다고 말한다. 우리가 아이에게 원한 것이 '누구의 꿈이었을까?'를 다시 한번 생각하게 되었다. 그래도 희망적인 것은 나보다도, 남편보다도 좀 더 이른 나이에 이런 고민을 했다는 것이다. 앞으로 우리 아들이 만들어 가야 할 세상이 그리 녹록하지 않다고 하더라도 다시 한번 힘을 낼 수 있도록 열심히 응원을 해야 한다는 것은 분명하다. 부모로서, 먼저 세상을 살아 본 인생 선배로서.

"아들아, 넌 잘할 수 있어. 엄마, 아빠가 언제나 응원할게. 함께 노력해 보자. 파이팅!"

4. 혼자서도 할 수 있어요

만약 사람이 많은 백화점에서 엄마를 잃어버렸을 때, 혼자 집을 보고 있는데 낯선 사람이 와서 문을 두드릴 때, 힘센 친구가 힘없는 친구를 괴롭힐 때, 동생이 화장실에 갇혔을 때 우린 어떻게 할까? 아마도 어렸을 때는 어김없이 "엄마!"를 외쳤을 것이다. 그런데 성인이 되면, 그렇게 찾던 엄마도 필요가 없고 직면한 문제는 스스로 해결해야 한다.

그렇다면 아이들의 독립적 사고는 언제부터 이루어져야 하는 것일까? 물론 사람들마다 다르고, 주어진 가정환경에 따라 그 시기가 다르겠지만 우리 가족은 대학교 입학과 동시에 여러 가지 책임감과 의무감을 아이들에게 전가했다. 그리고 경제적인 부분도 일부는 본인들이 감당하게 했다. 학기 중에는 학업에 충실해야 한다는 이유로 용돈을 지급했지만 그중 통신료만큼은 본인들이 감당해야 할 항목이라고 규정을 지었다. 방학에는 아르바이트를 해서 용돈을 마련하게 했다. 고등학교 때까지는 친척들에게 받은 용돈을 엄마가 관리했지만 대학생이 되어서는 친척들로부터 받은 용돈도 일체 관여하지 않고 본인들이 알아서 관리를 하도록 했다. 고등학교 때까지 받았던 용돈은 고스란히 모아 두었다가 기업에 투자를 했다. 다른 사람들이 보기엔 조금은 야박할지도 모르겠지만 경제관념은 제대로 인식되어야 한다는 것이 우리 부부의 교육 방침이었다.

이런 생각을 하게 된 계기가 있었다.

어느 날, 대학생이 되고 얼마 안 되어서 큰아들이 이렇게 물었다.

"엄마, 난 언제 차 사 줄 거야?"

"그건 뭔 소리? 차를 왜 부모가 사 줘?"

"그런 거 아닌가?"

"차는 너희들이 돈 벌어서 사야지. 차 값뿐만 아니라 네가 차를 유지할 수 있는 돈을 벌 수 있는 시기에 말이야. 취업하고 나서이지 않을까? 아빠도 아빠가 벌어서 차를 산 거지 부모님이 해 주시진 않으셨어. 그리고 대학교 다닐 때 차라? 그건 절대 아니다."

"그렇구나. 주변에 차를 갖고 다니는 애들 보고 생각나서 물어봤어."

물론, 모든 사람이 우리와 같은 생각을 하지 않을 거라는 건 잘 안다. 능력이 있는 부모라면 뭔들 못해 주랴. 어찌 보면 우리가 거창한 이유로 변명을 했는지도 모른다. 그래도 안 되는 것은 안 되는 거라고 알려 줄 필요는 있었다. 그래서인지 아이들은 어느 정도 규모 있는, 계획적인 용돈 관리를 했던 것 같다.

▶ 큰아들의 독립선언

군대 전역 후 3학년이 된 큰아들이 독립을 선언했다.

"엄마, 아빠! 나 3학년 때는 자취하고 싶어. 그래서 기숙사 신청도 하지 않았어."

"아니, 그런 얘기를 왜 부모와 상의도 안 하고 결정한 거야?"

"군대를 갔다 오고 나니 이젠 나도 내가 살 길은 알아서 하는 게 맞는 것 같아."

"그럼 완전히 경제적인 독립을 하겠다는 거야?"

"응."

"학비는 우리가 해 준다 치더라도 월세나 용돈은 어떻게 하려고?"

"과 조교를 하면서 장학금 받고, 그리고 주말에는 아르바이트를 하고."

"감당할 수 있겠어?"

"해 봐야지."

"그럼 방은 구했고?"

"알아보고 있는데 원룸은 보증금이 필요하더라고. 그리고 한 달 월세랑 관리비 3~4만 원 정도."

"그래서 보증금은 있고?"

"아니. 그건 부모님 지원을 받았으면 하는데. 어차피 그건 임대 기간이 끝나면 돌려주는 거라고 하더라고. 엄마, 아빠에게 염치없지만 가능하신지…"

"알았어. 그럼, 그건 우리가 해결해 줄게. 나머지는 네가 알아서 하는 거다."

이렇게 시작된 독립!

'룰루랄라' 휘파람을 불며 아들은 혼자만의 공간을 확보했다. 주중에는 과 조교의 일을 보며 교수님과 학생들 사이의 소통을 도왔고, 주말에는 여의도에 있는 중국 레스토랑에서 서빙을 시작했다. 밤 9시가 되어 일이 마무리되면 '터덜터덜' 집으로 돌아가기를 3개월 정도 했었던 것 같다.

그러다가 '급' 지원 요청을 했다.

"엄마, 주말에 알바 하는 것 땜에 고민이 많아졌어."

"왜?"

"알바를 마치고 집에 돌아갈 때 나 자신이 너무 비참하다는 생각이 들더라고. 다른 사람들은 정상적인 시간에 그것도 지상에서 일을 하고 있는데, 난 지하에서 젊음을 썩히고 있는 것 같다는 생각이 들어. 자괴감도 들고. 자존감도 떨어지고."

"그래서 어떻게 할 생각인데?"

"내가 고민을 해 봤는데 내가 선택한 부분에 대해 나도 책임을 져야 할 것 같기는 해. 그래서 월세는 내가 장학금으로 해결을 할 건데 용돈은 부모님이 지원을 좀 해 주실 수 있을까?"

"일단, 아빠랑 다시 얘기해. 네 생각을 알아야 아빠도 어떤 결론을 내려 주시지."

부모와 상의 없이 독립을 결정한 아들이 괘씸하기도 하고 '이렇게 지원 요청을 빨리할 것 같았으면 애당초 이런 생각을 하지나 말지.' 하는 아쉬움도 있었지만 아들의 요청을 승낙하게 되었다. 용돈은 지급하는 걸로 말이다. 물론 방학 때는 일시 중단이지만.

중간중간 반찬을 해서 날라야 하는 수고로움과 남편과 아들 사이의 원활한 관계를 위한 '아슬아슬'한 오작교 역할도 있었지만 아들을 독려하기로 했다. 마음 한편으로는 나름 아들이 무엇인가는 얻었을 것이라는 기대를 하면서 말이다.

본인의 결정이 어떤 책임감을 동반하는지, 준비가 되어 있지 않으면 삶이 그리 녹록지 않다는 것을 느꼈던 것 같다. 동생이 "나도 자취해 볼까?" 하는 물음에 "하지 마. 절대 하지 마. 그거 쉬운 일 아니다."라고 손 사레를 치는 걸 보면 그래도 뭔가는 배움으로 기억되는 1년이었으리라 짐작된다.

▶ **자녀의 경제적 독립의 중요성**

어떤 조사 기관에서 실시한 '부모로부터 자녀의 경제적 독립 시기는 언제가 적당하다고 생각하십니까?'라는 설문 조사 자료를 본 적이 있었다. 1위는 취업, 2위 대학교 졸업/취준생, 3위 결혼, 4위 고등학교 졸업/대학생, 5위 기타라는 의견이었다. 시기는 가정마다의 여건에 따라 달라질 수는 있겠지만 자녀의 경제적 독립은 매우 중요하다고 생각한다.

60·70년생들은 어깨에 무거운 짐을 지고 살아가고 있는 듯하다. 부모님 노후에 대한 생각, 우리 스스로의 노후에 대한 생각은 너무나 당연한 일이고, 자녀의 경제적 지원에 대한 문제까지도 생각해야 하기 때문이다. 우리나라도 세계 여러 나라들과 마찬가지로 청년 실업, 취업 불균형, 저출산, 고령화, 빈부 격차 등 많은 문제들을 안고 있다. 특히

자녀의 취업이 늦어지면서 부모의 자녀 부양 비중이 늘어나게 되었다. 자녀는 소득 발생 시기가 늦어지고 평균 수명에 비해 은퇴 나이는 계속 빨라지면서 부모와 자녀 모두 부담은 증가하게 되었다. 일반적인 가정 내에서 이런 악순환의 고리를 끊고 노후 준비에 집중하려면 자녀가 오랜 시간 좋은 기업에 취업하기만을 기다려서는 안 된다. 적절한 시기에 자녀들이 경제적 독립을 할 수 있도록 돕는 것이 부모가 해야 할 일이다. 자녀의 경제적 독립은 자녀 스스로에게도 자립심을 키우고 미래에 대한 계획을 세우는 길이기도 하지만 부모가 노후를 준비할 수 있는 시간과 여유를 주는 것이다.

우리 부부는 가끔 이런 얘기를 한다.
"아빠, 엄마가 너희들에게 물려줄 재산은 없을 수도 있다. 그러나 너희들이 가정을 꾸렸을 때 '엄마, 아빠 때문에 저희들이 너무 힘들어요.'라는 얘기는 하지 않게 만들 자신은 있다. '저희 좀 도와주세요.'라는 말만 안 들어도 엄마, 아빠는 성공한 삶이라고 생각한다."
어렸을 적부터 세뇌 아닌 세뇌를 시킨 셈이다.

"부모님이 뭐든 알아서 해 줄 테니까 걱정 마."라는 말보다 "너희가 부끄럽지 않게 살기 위해서 해야 할 일이 무엇인지 같이 고민해 보자."라고 머리를 맞대고 치열하게 이야기해 보자. 부모의 생각이 어떤 것인지에 대해 이야기해 주고, 아이들에게도 준비할 시간을 충분히 주자. 분명 우리 아이들은 슬기롭게 잘 해결할 것이다.

5. 사과하는 부모

사람은 누구나 잘못을 저지르게 된다. 그게 고의든 아니든 잘못은 상대방에게 부정적인 영향을 끼치게 된다. 사소하게는 상대방의 기분을 상하게 하고, 크게는 상대방과의 관계를 틀어지게도 만든다. 이런 상황에서는 내가 왜 잘못을 저질렀는지 자책하는 것보다 나의 잘못으로 인해 생긴 안 좋은 영향을 어떻게 극복하느냐가 더 중요하다. 이 극복의 시작은 '사과'이다. 사과를 통해 상대방의 기분을 풀어주고 잘못 매듭지어질 수 있는 관계를 원만하게 회복시키기도 한다.

이런 사과의 효과를 너무나 잘 알면서도 의외로 사과를 하는 사람은 많지 않다고 한다. 그 이유가 무엇일까? 가장 흔한 이유는 '자신이 잘못했다는 것을 잘 몰라서'라고 한다. 내가 별다른 이유 없이 한 사소한 행동이나, 말 한마디에 상대방은 상처를 입을 수도 있다. 하지만 당사자는 그것을 눈치채지 못한다.

두 번째 이유는 '내 잘못을 스스로 인정하고 싶지 않아서'이다. 많은 사람들이 자기 잘못을 인정하고 그에 대해 책임지는 것을 자존심과 연결 짓곤 한다. 더 나아가서 잘못을 인정하는 건 자기 무능을 드러내는 것이라고 생각하기도 한다. '창피함을 느끼는 건 스스로가 더 분발해 살아야 함을 알려 주는 긍정적인 신호다. 누구나 잘못을 저지를 수밖에 없는 세상, 우리는 부끄러움 없이 살기보다 부끄러움을 느끼며 사는 게 나을 것이다.'라는 말이 있다.

내 잘못을 인정하고 그걸 남에게 드러내는 것은 창피한 게 아니라 나의 성장을 위한 것이다. 내 잘못을 스스로 인정할 때 필요한 것은 '용기'일 것 같다

▶ 제대로 된 사과

사과(謝過)의 사전적 의미는 '자기의 잘못을 인정하고 용서를 빎'이다. 사과는 내 잘못을 인정하는 것이 먼저이지만 대부분의 사과는 '만약에 제 행동으로 기분이 나쁘셨다면', '제 말의 의도는 이거였는데 혹 상처가 되셨다면' 하고 시작한다. 이런 사과에 숨겨진 뜻은 '내가 크게 잘못한 건은 아니라고 생각하지만, 당신이 피해를 입었다고 하니 정말 유감입니다.'라고 한다. '내가 뭘 잘못했다.'라는 언급은 전혀 없다. 이런 사과를 '조건부 사과'라고 한다.

그렇다면 '조건부 사과'를 들은 사람은 어떤 마음일까?

달달한 연애를 하고 있는 커플, 여자 친구가 '어젯밤에 왜 연락이 안 됐어?'라며 따진다고 가정해 보자. 이때 남자 친구가 "화 많이 났어? 미안해. 사과할게."라고 말했다면 여자 친구는 어떤 반응을 보일까? 아마도 더 화를 낼 것이다.

왜 그럴까? 남자 친구의 사과가 잘못되었기 때문이다. 이 사과에는 '무엇을' 잘못했는지가 전혀 없다. 남자 친구가 한 사과는 '이유는 모르

겠지만 일단 네가 화가 났다고 하니 사과라도 할게.' 정도의 의미만 담겨져 있기 때문이다. 이런 사과는 상대방과의 관계를 더욱 악화시킨다. 조건부 사과는 상대방을 위한 사과가 아니라 사과하지 않았다는 죄책감을 없애기 위한 '나를 위한 사과'가 된다.

그럼 어떻게 하면 여자 친구의 마음이 풀어질까?

"내가 어젯밤에 연락이 안 된 거 정말 미안해. 갑자기 연락이 안 돼서 놀랐지. 어제 TV 보다가 피곤해서 그냥 잠이 들어 버렸어. 정말 미안해."라고 한다면 80점 이상의 점수를 받을 것이다.

잘못을 하게 된 맥락을 알려 주는 것, 이것이 바로 해명이다. 해명만 추가해도 사과받는 사람은 '아, 이 사람이 이래서 그랬구나.'라고 납득할 수 있게 된다. 중요한 것은 먼저 잘못을 인정한 후에 해명을 해야 한다는 것이다.

▶ 때늦은 사과

아이들과 맛있는 저녁 식사를 하며 소주 한잔을 기울였는데 아이들이 '좀 아쉽다.'며 간단히 2차를 원한다. 추억놀이를 하며 아이들과 신나게 웃고 떠들다 술에게 굴복을 당한 사건이 발생했다. 감정 다스리기에 실패를 한 것이다. 각자 서운했던 일, 바라는 일을 얘기하다 보니 감정이 격해지기 시작했다. 불평과 불만이 테이블 위에 떡하니 자리를 잡고 내려갈 생각을 하지 않는다. 더 이상 쌓아 놓으면 안 될 것 같아 자제를 권고하기도 하지만 잘 안 된다. 결국 감정이 격해진 남편이 먼저 자리를 박차고 일어선다. 어찌해야 할지 발을 동동 구르는 나, 아이들도 많이 놀랐나 보다.

"평상시는 너무나 존경하는 아빠인데 술이 과해지시면 아빠는 너무 달라. 우리들이 정말 못마땅하신가 봐."

"아니야 그렇지 않아. 근데 너희들도 좀 말을 부드럽게 하지 그랬어. 아빠 성격 잘 알면서."

"난, 아빠가 술을 드시면 옛날 기억이 나서 자꾸 반항심이 생겨. 그때는 우리가 어려서 반박이나 반항을 할 수 없었지만 그때 그 상처가 아직도 남아 있어."

"왜? 무슨 일이 있었는데?"

"엄마는 그때 그 일이 기억나지 않아? 난 엄마가 그걸 기억하지 못하고 있다는 것도 너무 큰 실망이야." 하며 큰아들과 작은아들이 울먹이며 이야기를 시작했다.

"우리가 초등학교 3학년 1학년 때였을 거야. 그날 아빠가 기분 좋게 술을 한잔하고 들어오셨었어." 하며 시작된 아이들의 이야기는 놀라웠다. 애들 방에서 있었던 일이라 정확히 알 수는 없었지만 아이들의 또렷한 기억을 보니 그 일이 큰 충격이었나 보다. 그러나 그 일보다 더 힘들었던 일은 그다음 날 우리 부부의 반응이었다고 한다. 남편은 "어제 아빠가 실수했다며 미안하다."라는 짧은 인사를 남기고 출근을 했고, 난 "아빠가 미안하다고 사과하잖아. 앞으로는 안 그러신데." 하고 가볍게 넘겼다는 것이다. 아빠의 사과는 정확한 사과가 아닌 조건부 사과였고, 이를 묵인하듯이 넘겨버린 난 방관자처럼 여겨졌다는 것이다.

아이들 마음의 상처를 잘 매만져 주고 약을 발라줘야 했었는데, 그래서 흉터를 남기지 않게 치료해 줬어야 했는데, 그냥 밴드를 붙여 상처를 감춰버린 것이었다. 아이들에게 진심 어린 사과를 했다.

"아들들아 정말 미안해. 너희들에게 그런 상처가 있다는 것을 전혀 모르고 있었어. 그때 엄마가 너희 마음을 잘 살폈어야 했는데 엄마 감정만 추스르기에 바빴어. 늦었지만 다시 한번 사과할게." 나 역시도 눈물을 주체할 수 없었다. 우린 그렇게 한참을 울었다. 그 아픔이 다 씻겨 내려갔으면 하는 마음이었을 것이다.

"엄마, 우리가 안 와서 아빠가 걱정하실 거야. 얼른 들어가자." 하는 큰아들의 말에 미안함의 보따리를 어깨에 무겁게 짊어지고 집에 들어갔다. 하지만 남편은 그 마음이 진정되지 않았는지 한참이 지나서야 집으로 돌아왔다.

서로의 감정이 제자리로 돌아가는 데 시간이 좀 걸렸다. 난 남편에게 그 일을 이야기했고, 그 아픈 기억을 다시 되살려 냈다. 우리는 그날의 일을 제대로 사과해야 했다.

아이들과 조용한 자리를 찾아 앉았다.

"너희들에게 그런 상처를 줘서 너무 미안해. 아빠가 술이 취해서 절대 해서는 안 될 행동을 했더라. 좀 늦었지만 사과할 게. 앞으로 그런 일은 절대 없을 거야. 술도 줄일 거고."

"엄마도 너무 미안해. 너희 마음을 잘 모르고 지나갔어. 지금이라도 얘기해 줘서 고마워."

"엄마 아빠, 저희도 죄송해요. 우리가 해야 할 일을 제대로 못해서요. 앞으로 저희들도 잘할게요."

"아빠가 너희들에게 바라는 건…"

이렇게 남편은 채우지 못한 아쉬움을 또 토로했다.

"아빠, 오늘은 1절만 하시는 거죠? 2절 안 부르시게 정말 열심히 살게요."

"그래그래. 끝! 우리 이제 맛있는 거 먹으러 가자." 하고 급 마무리를 짓는 남편, 우린 맛집을 찾는다고 핸드폰을 뒤적이는 척을 한다. 늘 가는 우리의 아지트가 있으면서.

6. 아들아, 넌 계획이라는 게 있구나!

'오늘 해야 할 일이 뭐가 있더라?' 매일 아침 밥상을 차리면서 난 머릿속에 오늘의 일을 그린다. 외부 일정이 없는 날은 집안일로 하루 스케줄을 짜고, 일정이 있는 날은 그 나름의 시간 계획을 짠다. 그 일정 안에 작은아들의 하루 일과도 들어 있다. 아니 작은아들이 했으면 하는 하루 일정이라고 말하는 게 맞는 표현일 것이다.

요즘 방 안에 들어 앉아 뭔가를 하는 것 같기는 한데 잠깐 볼일을 보러 나왔다가 다시 자기 방으로 들어가서는 문을 닫는다. 그리고 어딘가에 전화를 하는 것 같다. 방학인데도 아르바이트 할 생각은 안 하는 것 같고 답답증이 '스멀스멀' 올라오려고 한다. 방문을 벌컥 열고 싶은 마음을 누르고 노트북을 켠다.

드디어 작은아들이 방문을 열고 얼굴을 보여 준다.
"엄마, 나 대전 다녀와야 할 것 같아."
"왜? 방학인데 뭐 할 일이 있어?"
"전과하는 것 때문에 만나 볼 사람이 있어."
"전과는 서류 제출만 하면 되는 거 아냐?"
"아니 그게 좀 복잡해졌어. 우리 학교에 심리상담학과가 생겨서 그 과로 전과를 하려고 했는데 그 과는 2020년 신입생부터 모집해. 난 2학년으로 올라가야 하고. 내가 만약 심리상담학을 공부하려면 1년을 휴학하던가 지금 전공하는 과에서 그냥 1년을 보내다가 편입을 해야만 심리 상담을 공부할 수 있더라고."

"그래? 그럼 어떻게 해야 돼? 근데 그런 것도 안 알아보고 전과를 생각했던 거야?"

"그래서 여기저기 전화를 했는데 방법이 하나 있긴 있더라고."

"그게 뭔데?"

"철학상담학과가 심리상담학과로 바뀌는 거잖아. 그래서 1년을 철학상담으로 전과해서 공부할 수 있는 기회는 있더라고. 졸업까지는 이 과가 사라지지는 않는 거지. 그렇게 전과해서 편입을 노려 봐야지."

"그럼 전과 가능 여부는 누가 결정해 주는데?"

"지금 우리 과 담당 교수님의 면담과 전과할 과의 담당 교수님을 만나서 면담을 해야 돼."

"준비는 했어? 교수님들 면담으로 결정되는 거라면 네 생각을 조리 있게 잘 말해야 할 텐데."

"그럼. 잘할 수 있어."

"알았어. 너의 의지를 적극 어필해야겠네."

그리곤 두세 차례의 면담을 위해 학교를 왔다 갔다 했다. 그리고 보름 후 전과가 결정되었다. 합격 문자를 받고 나니 안심이 되었다.

"어떻게, 면담은 잘 했어?"

"그럼. 사실은 면담 전에 학교 다니면서 교수님들과 좀 안목을 터 두었지. 인사도 더 적극적으로 하고. 방학 후에도 교수님 일정에 맞추느라 알바를 할 수 없었어. 이제 확실히 결론이 났으니까 알바 해야지."

"오. 그랬구나. 그래서 방에서 꼼짝 않고 있었구나. 그러고 보니 우리

아들도 다 계획이 있었구먼."

"그럼."

퇴근 후 돌아 온 아빠에게도 반가운 소식을 전한다.

"오. 우리 아들, 다 계획이 있었구먼."

"엄마랑 똑같은 얘기 하네. 역시!"

우린 저녁을 먹으며 축하 파티를 했다.

미국 체로키족의 나이 많은 추장이 손녀와 나눈 대화 내용이다.

"우리 마음속에는 두 마리의 늑대가 살고 있었다. 그 둘은 항상 싸우곤 하지. 한 마리는 나쁜 늑대인데 분노, 질투, 슬픔, 후회, 욕심, 오만, 자기 연민, 거짓, 허영, 헛된 자존심을 먹고 살고, 다른 한 마리는 착한 늑대인데 기쁨, 슬픔, 희망, 친절함, 겸손, 동정, 긍정, 너그러움과 믿음을 먹고 산단다."

마음속 두 마리의 늑대 이야기를 들은 손녀가 물었다.

"그럼 그중 어떤 늑대가 이겨요?"

추장은 이렇게 대답했다.

"네가 더 많은 먹이를 주는 늑대가 이기게 된단다."

이제부터 아들이 만들어 갈 세상이 훨씬 아름답게 전개되리라 믿는다. 또 고민하고 선택해야 할 일이 남겨져 있긴 하지만 그 결정에도 '햇빛 쨍'이길 바라본다. 내 마음속 착한 늑대에게 더 많은 먹이를 주면서 아들의 힘찬 출발과 도약을 응원해 줘야겠다.

▶ 계획 세우기 노하우(Know-How)

1. 논리적인 계획 세우기

하고 싶은 일을 종이게 적는 것으로부터 계획이 시작된다고 한다. 하고 싶은 일을 적다 보면 실천하는 힘이 생기기 때문이다. 이때 할 일 목록에는 반드시 시간을 넣도록 한다. 목표를 정하고 구체적인 계획을 세워도 기한을 정하지 않으면 아무것도 이룰 수 없게 된다. 육하원칙을 대입하면 쉽게 계획서를 작성할 수 있다.

- Why - 왜 그것이 필요한가?
- What - 그 목적은 무엇인가?
- Where - 어디서 하는 것이 좋은가?
- When - 언제 하는 것이 좋은가?
- Who - 누가 가장 적격인가?
- How - 어떤 방법이 좋은가?

목표가 없는 계획은 있을 수 없고, 목표만 있고 계획이 없다면 그건 꿈이라고 할 수 있다. 미래에 어떠한 모습이 되고 싶은지 깊이 생각하고 그러기 위해 어떠한 과정과 어떠한 노력을 해야 하는지 구체적으로 생각해야 한다.

아리스토텔레스(Aristoteles)는 '성공에 도달하는 방법은 우선 구체적이고 분명하며 실제적인 이상, 즉 목표를 세우는 일이고, 둘째는 그 목표를 달성하기 위해 필요한 수단, 즉 지혜와 돈, 자료, 방법을 갖추는 일이며, 셋째는 모든 수단을 목표에 맞추는 일이다.'라며 목표의 중요성을 강조했다.

2. 수시로 점검하고 때로는 과감히 수정하기

업무적이든 개인적이든 목표를 세우고 계획대로 실행하고 있다면 정기적인 점검이 필요하다. 계획 점검은 수시로 해야 하는데 하루의 계획은 오전, 오후, 저녁에 점검한다. 일주일의 계획은 주중에 제대로 실행하고 있는지 점검하고, 주말에는 계획대로 완료했는지 점검한다. 계획을 세우고 실행하면서 3~6개월 지나면 단기 목표는 성과를 내기 시작한다. 어떤 성과를 냈는지 확인하면서 성취감을 느끼게 되면 계속 실행할 힘이 생긴다.

또한 계획을 실행하면서 수시로 점검하는 과정을 통해 모순점이 발견되었다면 과감히 수정을 하는 용기도 필요하다. 예상하지 못한 변수나 환경의 변화는 계획 단계에서 미처 파악하지 못한 것이기 때문에 상황에 맞게 바꿔야 한다.

3. 지속적으로 실행하기

목표를 달성하려면 처음 세운 계획을 포기하지 않고 실행하는 것이 매우 중요하다. 그러나 명확한 목표 설정을 통한 계획이 있었음에도 불구하고 일시적으로 발생한 문제들을 위해서는 즉각적인 조치를 취하는 것도 중요하다. 계획한 대로 실행하면서 자기 능력과 계획의 실효성을 진지하게 검토하고 수정 · 보완을 통해 자신이 세운 목표에 다다를 수 있도록 최선의 노력을 해야 한다.

7. 다시 쓰는 비전 설계서

비전(vision)이란 조직이 장기적으로 지향하는 목표, 가치관, 이념 등을 통칭한다고 한다. 즉, 조직이 앞으로 어떻게 되어야 하는지에 대한 이상적인 모습이라고도 얘기할 수 있다. 조직이 아닌 개인이 인생 목표를 향해 어떻게 살아야 하는지를 적어 보는 것은 개인의 비전 설계라고 할 수 있다.

그렇다면 비전 설계는 어떻게 해야 할까?
선명한 이미지로, 생생하고 구체적으로 그려 보는 것이 좋다. 그리고 매일매일 비전을 꿈꾸고, 위대한 삶을 상상하고, 작은 것부터 꾸준히 실천하는 것이 중요하다.

하나, 다른 사람의 꿈을 모방해도 괜찮다.
둘, 자신만의 재능, 관심사, 좋아하는 것을 생각한다.
셋, 자신이 하고 싶은 것, 가족과 함께하고 싶은 것을 떠올린다.
넷, 10년 후, 20년 후, 30년 후의 다양한 측면에서 인생 계획을 생각해 본다.
다섯, 그중 진정으로 원하는 것을 생각해 본다.

오스트리아에서 최고라고 꼽히는 레스토랑 〈킴 코흐트〉의 요리사 김소희, 그녀의 성공 원동력과 미래 비전에 대한 믿음과 확신은 분명했다.

그녀는 '내 방을 가지는 것이 꿈'이었다고 할 정도로 가정 형편이 안 좋았다고 한다. 그래도 다행히 고등학교 2학년 때 비엔나로 유학을 가서 디자인을 공부할 수 있는 기회가 주어졌다고 한다. 그런데 디자이너라는 직업은 아름답고 화려하지만 자신의 공허한 마음을 채워 주진 못했고, 비전을 이뤄 줄 수 있는 직업은 아니라는 것을 깨닫게 되었다. 당시 어머니가 식당을 하고 계셨는데 "내가 열심히 식당 일을 한다면 밥은 안 굶는다."라는 말씀을 하셨다고 한다. 그래서 결국 먹고 살기 위해 요식업에 뛰어들게 되었다.

95년 식당을 오픈했을 때는 요리사를 두고 시작했는데, 1년쯤 지나고 보니 요리를 할 줄 모르는 자신이 하고 있는 일은 페인트칠이며 못질 등 여러 가지 자질구레한 잡일뿐이었다. 너무 비참하다는 생각이 들었고, 결국 96년에 요리사를 내보내고, 한 달 동안 식당문도 닫고 요리책을 사서 요리 연습에 매진했다.

이뿐 아니라, 외국에서 음식점을 운영하면서 언어의 장벽 때문에 관공서 등에서 겪는 의사소통의 불편함, 냉대, 외국인에 대한 금융기관의 불신임, 또한 주위의 시기와 질투 때문에 많은 어려움을 겪었다. 그러나 가장 큰 어려움은 '자기 자신을 이기는 것'이었다. '하면 된다. 도중하차는 있을 수 없다.'와 같은 굳은 의지로 스스로를 늘 채찍질하며 어려움을 이겨 냈다. 이는 비전에 대한 믿음이 있었기 때문에 가능했던 것이다.

또한 요리사가 되려는 한국의 청소년들에게도 자신이 하는 일을 사랑하고 자기 비전을 이루기 위해 최선을 다해야 한다는 메시지도 전했다. 그녀의 작은 체구에서 뿜어져 나오는 에너지, 그것은 자신과 자기 비전에 대한 믿음과 확신에서 비롯된 것 같다.

▶ 작은아들의 꿈 동영상

"학교 리포트 과제가 있는데, 잠깐 들어 봐 줄 수 있어 엄마?"
"무슨 내용인데?"
"내 삶의 비전을 동영상으로 찍어서 업로드시키는 거거든."
"응. 그건 네가 진짜 잘하는 내용일 거 같은데. 평상시에 네가 갖고 있던 생각을 잘 표현해 봐. 원고는 작성했어?"
"그럼. 연습하고 있는 중이야."
"그럼 영상 찍을 때 주의해야 할 점을 알려주면 되겠네. 일단 목소리엔 자신감이 팍팍 묻어나야 하니까 확고하고 확신에 찬 목소리로 해야 하고, 제스처는 적절히 사용해야 좀 더 설득력이 있어 보이고, 무엇보다도 중요한 건 자연스럽게 해야 한다는 거야. 네가 찍은 영상을 보고 엄마가 피드백을 해 주는 것이 나을 것 같은데."
"그럼 내가 영상을 찍고 나서 다시 얘기할게."

집에서 하는 것보다는 사무실에서 촬영하는 것이 더 나을 듯해서 남편과 함께 사무실에 출근했다. 각자의 할 일이 있었기 때문에 각자에게 주어진 공간에서 열심히 시간을 보냈다.

"막둥이, 영상 다 찍었어? 잠깐 쉬면서 그거 한 번 보자."

남편도 궁금했었나 보다. 작은아들이 어떤 꿈을 갖고 있으며 어떤 비전을 갖고 살아가고 있는지 말이다. 회의실 TV 화면에 작은아들의 모습이 꽉 채워진 영상을 보게 되었다.

"저는 17학번 정상진입니다. 저의 꿈은 심리상담 전문가가 되는 것입니다. 제가 이런 꿈을 갖게 된 계기는…"으로 시작되는 3분짜리 영상에는 아들의 고민이 고스란히 녹여져 있었다. 또한 앞으로 어떤 삶을 살고자 하는지, 준비해야 하는 것은 무엇인지가 명쾌하게 담겨 있었다. 그동안 아들의 꿈을 알고는 있었지만 이렇게 확신에 찬 모습은 찾아보기 힘들었었는데 아들은 '차근차근' 준비를 하고 있었던 것이다.

영상을 다 보고 나서 남편이 책상을 '탁' 치며 한마디 한다.

"좋았어. 네가 생각하는 대로 한번 해 봐. 아빠가 믿고 지원해 줄 테니까."

'탕 탕 탕!' 국회의장이 판결 봉을 치듯이 아들의 포부를 응원해 주었다. 사실 남편은 작은아들의 꿈에 대해 다소 회의적인 생각을 갖고 있었는데 3분짜리 영상을 보면서 확신을 얻은 것 같았다.

"오, 우리 아들 말 잘하네. 고칠 것은 없는 것 같아. 완벽해. 짝짝짝!"

우리는 함께함의 감사와 행복을 느끼며 사무실 문을 닫았다.

▶ 비행기에 가득 담아 온 큰아들의 비전

"이번 겨울방학 때 한 달 동안 우즈베키스탄에 갈 수 있게 되었어. 학교에서 보내 준다네."

"어디로 가는 건데?"

"수도 타슈켄트에 있는 동방대학교로 가는 거야. 난 장학금 받고 간다는 거. 다른 사람은 사비로 가야 하고."

"오. 그럼 뭘 준비해야 하는데?"

"일단, 내가 다 알아서 할 거니까 너무 걱정 안 하셔도 돼. 보험이랑 항공 티켓을 먼저 예매해야 하니까 엄마, 아빠가 미리 계산을 해 주시면 감사. 감사."

"알았어."

이렇게 아들은 방학을 이용해 자신의 비전 설계를 새롭게 시작하게 되었다.

숙소 문제로, 같이 가는 일행과의 일정 조율과 현지인과의 예약 문제로 며칠을 고생해야만 했다. 일행을 대표한다는 것이 이렇게 어렵다는 걸 또 한 번 느끼는 계기가 되었지만 자신의 몫인 것처럼 열심히, 그리고 꼼꼼하게 준비를 했다.

드디어 우즈베키스탄으로 출발!

매일매일 카톡으로 안부를 묻고 가끔은 영상통화로 아들의 건강을 체크했다. 현지에서 느끼는 여러 것들에 대해 조잘조잘 이야기를 해 주었다. 그곳에 있는 학생들과도 참 재미있게 보내는 것 같았다. 코로나19 때문에 자유롭게 돌아다니는 데 약간의 제약은 있었지만 그래도 그 시간을 알차게 보내는 것 같았다. 우즈베키스탄의 '요모조모'를 기록하고 그들과 함께 보내는 시간을 통해 자신이 준비해야 할 것들에 대한 정리가 되어 가고 있다고 했다.

국내외로 심난한 문제가 있었지만 극적으로 귀국했다. 일주일만 늦었어도 귀국하지 못하고 그곳에 억류가 될 뻔했다.
"어땠어? 먹는 거는 잘 먹는 것 같던데."
"맞아 난 거기 체질인가 봐. 음식을 가리는 것도 없었고 생활하는 데도 별 불편함은 없었어. 거기서 살아도 되겠던데."
"다행이네. 한 달밖에 안 되는 시간이라 좀 아쉽긴 했겠네. 그래도 엄마는 네가 무사히 돌아와야 한다는 생각에 한 달이 길게 느껴지더라."
"결론은 영어랑 우즈베키스탄어가 좀 늘었고, 러시아어도 좀 더 많이 들리고. 근데 한국어를 살짝 잃어버린 것 같아." 하고 너스레를 떤다.
"그래서 네가 앞으로 어떻게 해야겠다는 구체적인 방법을 찾은 거야?"
"응. 우선 사교육의 도움을 좀 받아야겠어. 러시아어 학원에 다녀야 할 듯해. 그 나라의 관공서에서는 우즈베키스탄어보다는 러시아어를 훨씬 더 많이 사용하고 있더라고. 자국민 스스로도 러시아어를 좀 더 높이 평가하기도 하고. 그리고 자격증도 준비해야 하고. 이것저것 할 일이 많아."

"진로는 확실히 정한 거네?"

"응. 지난번에 말한 대로 국제무역을 하려고 해. 할 수 있으면 외국에서 근무하는 것도 괜찮고."

"뭔가를 확고히 다지는 소중한 시간이었네. 네가 생각한 대로 잘하겠지만 마음 다잡고 온 내용들이 흔들리지 않게 정리 잘하고, 앞으로 해야 할 일도 구체적으로 정리해 봤으면 좋겠어."

"그럼. 그래야지."

큰아들은 이렇게 또 '쑥' 자라서 왔다. 머릿속에, 마음속에 품었던 생각들을 이제는 실천하면 된다. 우리 부모는 그저 묵묵히 '믿음과 신뢰'라는 주춧돌을 튼튼히 쌓아 두고 아낌없는 응원을 하면 된다. 물론, 지갑도 열어 놔야 한다. 당분간은.

제4장

한 층 한 층
공든 탑 쌓기

무엇인가를 이루려면 돌을 하나하나 정성스레 쌓아 올려야 한다. 하루아침에 뚝딱 하고 이루어지는 일은 결코 없다. 만약 그런 일이 있다면 그건 아마도 '천운을 타고 난 것'이라고 말할 수 있을 것이다. 우리 가족도 많은 이야기를 나누기는 하지만 때로는 자신의 생각만을 고집해서 또는 다른 사람의 입장을 이해하지 못해서 목소리가 커지는 경우가 종종 있었다. 여기서도 알 수 있는 진리는 '틀림이 아니라 다름을 인정하라.'이다.

연습이 필요하다. 맛있는 열매를 얻기 위해서는 적절한 양분과 햇빛, 물이 필요하듯이 우리 스스로가 잘 다듬어지려면 실수를 두려워하지 않는 끊임없는 연습이 필요하다. 안 된다고 쉽게 포기하지 말고, 안 되는 이유를 살펴보고 개선해 나가다 보면 조금씩 나아지고 있다는 것을 발견할 수 있다. 그때 느끼는 희열은 경험해 본 사람만이 알 수 있다. 우리 가족은 다른 가족들보다 많은 이야기를 나누는 편이다. 그것도 아들만 둘인데도 말이다. 이번 장에서는 우리 가족이 함께하는 시간을 통해 한 뼘씩 성장한 이야기를 해보려고 한다. 일명 '자랑거리'라고 해야 할까? 이 책을 읽는 분들도 다양한 소재로 '하브루타'가 가능하다는 것을 눈치챌 수 있는 시간이 되기를 바라본다.

'하브루타'란 짝을 지어 질문하고 대화하고 토론하고 논쟁하면서 서로의 생각을 나누는 유대인의 전통 토론법이다. 여기서 말하는 짝은 친구만을 뜻하는 것이 아니라 부모와 자식, 형제자매, 스승님과 제자 등 나이가 많고 적음, 지위의 높고 낮음에 상관없음을 얘기하고 싶다. 짝을 이룬 상대방이 내 스승이라 생각하고, 그를 통해 배우는 것이 많다고 여기며 대화를 나누면 된다. '하브루타'의 소재 역시도 매우 다양하다. 글을 읽지 못하는 아이라면 그림책을, 또는 일상생활 속에 벌어지는 상황을 소재로 잡으면 된다. 책의 내용이 소재가 되기도 하고 영화, 그림, 시사, 역사 등 무궁무진한 소재가 있다. 아이들의 연령대를 맞추거나 관심 있는 분야로 소재를 선택한다면 더 신나는 '하브루타' 시간이 될 것이다.

'하브루타'를 통해 가족 간에 진정한 소통이 되길 바라는 마음으로 몇몇 사례들을 소개하고자 한다.

1. 82년생 김지영 (영화 하브루타)

"엄마, 내가 군대에 있을 때 읽었던 책인데 엄마도 이 책을 읽으면 공감되는 내용이 많을 거야."

작은아들이 추천해 준 책은 《82년생 김지영》이었다. '무슨 내용이길래?' 하는 궁금함에 냉큼 주문을 했고 도착하자마자 단숨에 읽어 내려갔다. 일부는 공감이 가기도 하고 일부는 '글쎄?' 하는 단어가 떠오르기도 했다. 영화로 개봉이 되고 나서 여러 가지 의견들이 많았다. '맞다, 그르다'가 아니라 '진짜?'라는 의구심을 갖는 남자들도 있었고, '뭘 그런 일로'라고 생각하는 사람들도 적지 않았다. 우리 가족은 다 같이 이 영화를 보고 '하브루타'를 시작했다.

- 아빠: 저게 진짜 있는 일이야? 극소수의 이야기겠지?
- 엄마: 어머, 이 사람 봐요. 내가 뭐 내색을 안 해서 그렇지, 나도 그럴 때 있었어.
- 큰아들: 엄마도 맞벌이를 했는데 엄마는 이 영화를 어떻게 봤어?
- 엄마: 사람마다 생각이 다 다르겠지만 엄마는 그냥 나한테 주어진 일이니까 해야만 한다고 생각했던 것 같아.
- 작은아들: 그럼 엄마는 맞벌이하면서 뭐가 가장 힘들었어?
- 엄마: 너희들이 방학일 때가 힘들었던 것 같아. 학기 중에는 점심을 학교에서 해결할 수 있는데 방학 때는 그게 안 되었잖아. 그래서 식당을 정해 놓고 먹었던 거 기억나지?

- **작은아들**: 그래도 그때 재밌었는데. 매일 우리가 먹고 싶은 걸 먹을 수 있었거든.
- **엄마**: 그러다가 결국 너희들을 외할아버지, 외할머니한테 보냈잖아. 외갓집에 가서 신나게 놀 수 있어서 좋았다고 하지만 엄마는 그렇게 하지 않으면 직장 생활을 계속 한다는 것은 어려웠었지.
- **큰아들**: 근데 난 이해가 안되는 게 왜 같은 여자의 입장인데도 주인공이 카페에서 봉변을 당했을 때 아무도 도와주질 않았을까? 심지어 같은 상황의 주부들도 있었는데.
- **엄마**: 그러게 그건 정말 안타깝더라. 아마도 그것을 본 사람이 한 명이었다면 도와줬을지도 몰라. 왜 그 얘기 있잖아. 사람이 많을 때 곤경에 처한 사람을 보면 누군가는 도와주겠지 하는 마음에 방관자처럼 서 있는 거. 그걸 뭐라고 하던데?
- **아빠**: 아 방관자 효과?
- **엄마**: 맞아 맞아. 미국에서 있었던 일인데 어떤 여자가 집으로 돌아가는 중에 갑자기 강도가 나타나 그 여자의 등을 두 번이나 찔렀대. 그 여자가 소리를 지르자 누군가 창문을 열고 소리를 쳤고 그 강도는 도망을 쳤지만 아파트에 사는 다른 사람들은 아무도 나와 보지 않았다고 그러더라고.
- **큰아들**: 그래도 이건 그런 위험성이 있는 것도 아닌데 방관자처럼 있는 것은 아닌 거 같아.

- 엄마: 그러게 말이야. 불합리한 상황을 보면 그것을 시정하도록 지적하는 것도 대단한 용기가 필요한 세상이 된 거 같아 마음이 좀 씁쓸하긴 해. 난 주인공 남자도 좀 이해가 안 되는 부분이 있어.
- 큰아들: 다른 사람들은 그런 남편만 있다면 얼마나 좋을까 하던데?
- 엄마: 물론 여자 주인공을 잘 이해해 주고 살피는 마음은 이해가 가지. 근데 왜 좀 더 적극적으로 아내의 현 상황을 해결하려고 하지 않은 걸까?
- 큰아들: 아내가 상처받는 게 두려워서 그랬던 것 같아.
- 엄마: 만약 내가 저런 상황이라면 당신은 어떻게 했을 것 같아?
- 아빠: 나도 처음엔 고민을 했을 것 같아. 왜 시한부 판정을 받은 사람에게 그 가족들이 쉽게 알리지 못하는 것처럼 상대방이 받을 충격을 생각한다면 망설여질 것 같아. 근데 이 경우는 그렇지는 않으니까 난 빨리 해결점을 찾기 위해 당신한테 얘기했을 것 같기는 해. 그런데 반대로 내가 그런 아픔을 겪고 있다고 한다면 쉽게 당신에게 얘기하진 않았을 것 같기도 해. 내가 어떻게든 해결해 보려고 애썼겠지.
- 엄마: 그러면 안 돼. 병은 알리라고 했어. 좀 이상하다 싶으면 병원도 빨리 가고 치료 방법도 빨리 찾아야지. 때를 놓쳐서 평생 후회하면 어쩌려고.
- 아빠: 알았어. 난 바로바로 얘기할게. 근데 진짜 육아를 한다는 것이 그렇게 힘든 일인가? 우리 엄마도 그랬고, 당신도 힘든 내색을 안 해서 난 잘 몰랐는데. 영화가 너무 극단적으로 스토리를 만든 거 아냐?

136 · 우리, 대화하고 있나요?

- 엄마: 여보 아냐. 그건 당신이 나를 잘 만나서 복 받은 거고. 요즘 강의 나가는 수강생들이 주부들인데 육아가 제일 어렵다고 그래. 그걸 알아주지 않는 남편들이 야속하다는 말을 많이 해. 남편이랑 역할을 바꿔서 했으면 좋겠다고 하기도 하고. 특히나 맞벌이를 하는 가정을 보면 이런 문제가 심각하더라고. 그리고 산후우울증, 육아 우울증이 생각보다 많은 거 같아.
- 작은아들: 난 이 다음에 맞벌이하게 되면 진짜 잘 도와줄 거야.
- 엄마: 아들아, 그런 생각 갖고 있으면 장가가기 힘들다. 도와주는 것이 아니라 같이하는 거야.
- 큰아들: 물론 같이 해야지. 근데 난 어설프게 남녀평등을 주장하는 사람들을 보면 화가 나더라. 자기가 불리할 때는 남녀평등을 주장하고 그렇지 않을 때는 스스로가 대접받기를 원하고. 남녀가 평등해야 하는 것은 맞지만 역할에 대한 부분은 차등을 둬야 하는 것이 맞는 거 같아.
- 엄마: 그럼 어떻게 해야 하는데?(진정한 남녀평등에 대한 생각은 어떤 것인데?)
- 큰아들: 남자의 힘이 필요한 역할이 있거든. 예를 들어 무거운 짐을 옮긴다든가 위험한 상황에 처했다든가 할 때는 반드시 우리가 나서 줘야 하지. 섬세함을 원하는 일은 여자들이 훨씬 잘하니까 그 영역은 여자들이 하면 되는 거고. '내가 잘했다 네가 잘했다'를 논할 것이 아니라 분명 조화를 이뤄야 할 부분이 있어야 한단 말이지.

- 아빠: 맞아. 아빠도 그 말에 공감. 각자가 잘할 수 있는 일을 한다면 그리고 그것을 서로 인정해 준다면 싸울 일도 없을 거야. 우리 집처럼.
- 엄마: 그런가?
- 작은아들: 우리 집은 대체적으로 그런 거 같아.
- 아빠: 대체적으로?
- 작은아들: 거의 그렇다고 해야 하나?
- 엄마: 엄마 세대보다 너희들 세대는 맞벌이가 필수일 거 같아. 점점 힘들어지는 것 같아 안타깝기도 하지만 세상이 그런 걸 뭐 어쩌겠어. 엄마가 말하고 싶은 건 가정은 누구 혼자만의 힘으로 이끌어 가는 게 아니라 함께한다는 생각으로 만들어 가는 거라고 생각해. 도와주는 게 아니라 같이 하는 거야. 알겠지?
- 큰아들, 작은아들: 그럼, 그럼.
- 아빠: 맞아. 그렇지 않으면 아빠도 엄마한테 혼난다.
- 작은아들: 엄마, 영화에서 주인공이 어렸을 때 엄마에게 물어봤던 거 기억나? "엄마는 꿈이 뭐야?" 하던 거.
- 엄마: 응.
- 작은아들: 그 부분이 좀 짠하더라. 결혼하면서 자기의 꿈을 잃고 살아가는 모습이. 엄마 꿈은 뭐였어?
- 엄마: 엄마는 선생님. 방문 학습지 선생님 하면서 정식으로 선생님은 아니었지만 그래도 아이들을 가르치면서 선생님 소리는 들어 봤지.

- 작은아들: 그래도 다행이다.
- 엄마: 좀 더 노력했더라면 하는 아쉬움은 늘 있었어. 너희들은 이런 후회를 안 했으면 해. 그러니까.

또다시 시작하려는 당부의 말에 나 스스로 침 한번 꿀꺽 삼키며 말을 아낀다.

혹 맞벌이를 하는 가정이라면 남편과 또는 아이들과 이 문제에 대해 이야기를 나누는 것도 좋을 듯싶다. 늘 뭔가를 채워 줘야만 한다고 생각하는 부모의 강박관념과 늘 관심과 사랑이 부족하다고 느끼는 아이들의 초조함과 조급함의 간격이 좁혀지기를 바라는 마음이다. 그리고 가정은 모두가 노력해야 잘 일궈 갈 수 있음을 느껴야 한다.

2. 지소미아 (시사 하브루타)

오늘도 회사 일로 만난 고객과 한잔을 기울이고 기분 좋게 들어온 남편이 작은아들을 부른다.

- 아빠: 막둥아, 우리 간단히 맥주 한잔할까?
- 작은아들: 응, 좋지.

난 이들의 회동을 위해 마른안주를 준비하고 곁에 살그머니 앉는다.

- 아빠: 오늘 무슨 일이 있었냐 하면…

남편은 하루의 일과를 이렇게 브리핑하듯이 이야기를 한다. 특히나 적절한 알코올을 섭취하고 나서 기분이 고조되면 '술술술' 이야기보따리를 풀어낸다.

- 아빠: 근데 아들, 지소미아가 뭔지 알아?
- 작은아들: 그럼 요즘 매일 뉴스에 나오는 내용이잖아. 나라와 나라 사이에 군사기밀을 서로 공유할 수 있도록 맺은 협상이잖아. 이번에 문제가 된 건 일본과의 문제이고.
- 아빠: 오 잘 아네. 이번 지소미아 협정 종료에 대한 네 생각은 어때?
- 작은아들: 난 이런 협정이 뭐가 필요할까도 싶어.

- 아빠: 왜?
- 작은아들: 협정이 있다고 해도 지키지 않으면 그만이잖아. 그리고 군사정보는 이미 다 뚫려 있어서 서로 알고 있는 거 아닐까? 일본과의 협정을 이어 가느냐 종료하느냐가 그렇게 중요하다고 생각하지는 않아.
- 아빠: 우리나라가 왜 이런 결정을 고민하게 되었는지는 알아?
- 작은아들: 일본이 반도체 품목에 대한 수출 규제 및 제외 조치 때문에 그렇게 되었지.
- 아빠: 맞아. 일본이 먼저 비열하게 나온 거야. 우리나라도 힘이 있다는 것을 보여 줘야 할 필요가 있어. 우리나라가 불합리한 처우를 받고 있는데 반박 한 번도 못해 보고 그냥 원래대로 협정을 이어 가면 너무 자존심 상하는 거 아냐?
- 작은아들: 그래도 지금 당장 우리나라 경제가 입을 손실도 생각해 봐야지. 내가 알기로는 우리나라가 반도체 강국이라고 하는데 그 소재 공급을 일본이 안 해 준다고 하면 다른 나라에 수출하는 것도 어려워지는 거잖아. 어떤 결정이 우리나라에 플러스가 되는지 마이너스가 되는지 잘 따져 봐야지.
- 아빠: 오 울 막둥이 뭘 좀 아네.
- 작은아들: 내가 뉴스 좀 보거든.
- 아빠: 근데 아빠는 이번 기회에 우리나라도 '예전과 다르다'라는 것을 보여 줬으면 해. 우리나라가 일본 때문에 얼마나 많이 힘들었는지는 알지?

- 작은아들: 그럼. 그것만 생각하면 화가 나지. 지난번 부산 여행 때 일본대사관 앞에 있는 '평화의 소녀상'을 보는데도 '부르르' 떨리더라고. 그 소녀상을 지키는 경찰들과 생각보다 작은 소녀상 때문에 마음이 더 그랬는지도 모르지만.
- 아빠: 맞아. 우리에겐 너무나 아픈 과거지. 분명한 역사가 말해 주는데도 일본은 아직도 반성의 기미조차 없잖아. 오히려 왜곡된 역사관으로 진실을 감추려 하고. 일본 아이들이 배우는 교과서에는 자국민들의 잘못은 전혀 드러나 있지도 않고. 정신대 할머니들의 주장은 완전 묵살해 버리고. 그 영화에도 나와 있었잖아.
- 작은아들: 응. 〈아이 캔 스피크〉 그런 모습을 볼 때면 진짜 더 화나지.
- 아빠: 그러니까 우리도 우리의 강함을 어필할 필요는 있는 거야. 이번에 확실하게 협정 종료를 선택해야 한다고 생각해.
- 작은아들: 그래도 난 일본에게 배울 점은 있다고 생각해.
- 아빠: 어떤 거?(어떤 점을 배울 수 있는데?)
- 작은아들: 우리가 '일본' 하면 떠올리는 이미지들이 있잖아. 섬세하고 디테일하다는 것, 그리고 깨끗한 나라라는 이미지, 우리나라 보다는 잘사는 선진국이잖아. 난 가 보고도 싶던데.
- 아빠: 물론 배울 점도 많지. 과거에 대한 반성과 다른 나라와의 협력 시 너무 자기 잇속만 챙기지 않는 이기적인 면만 없으면. 우리 국민들도 일시적인 유행처럼 '일본에서 생산된 물건 안 쓰기'를 할 것이 아니라 진정한 애국의 의미를 담고 우리의 의지를 보여 줘야 할 것 같아.

- 작은아들: 아, 다*소, 유*클로 이런 데?
- 아빠: 그렇지. 당분간 일본 여행도 자제하고. 그렇다면 지소미아 협정 종료에 대한 네 최종 의견은 뭐야?
- 작은아들: 전문가들이 꼼꼼히 분석해서 우리나라에게 유리한 결정을 해야 한다는 거지. 기분이나 감정 때문에 내려진 결정으로 나라 경제가 흔들리면 안 되잖아.
- 아빠: 그래도 아빠는 지소미아 협정 종료에 한 표! 오늘 울 막둥이랑 얘기해 보니 많이 컸다는 생각이 드네. 좋아. 이제 아빠는 씻고 자야겠다.

결국 우리 정부는 지소미아 협정 종료를 잠정적으로 연기했다. 그러나 우리가 우려했던 반도체 시장의 흔들림은 그리 크지 않았다. 국내 생산으로 그 원자재 공급이 채워졌기 때문이다.

우리나라의 민족성을 믿는다. IMF라는 금융위기 상황이 왔을 때도 우리는 '금 모으기 운동'을 통해 단합된 우리의 힘을 보여 주었다. 자존심을 잃지 않는 우리가 되었음 한다.

이렇게 뉴스 보도를 통해 전달되는 사회적 이슈나 문제점을 '하브루타'소재로 선택해 보자. 주변 지식을 얼마나 알고 있는지 가늠해 볼 수도 있고 사회현상에 대한 관심을 높이는 데도 도움이 된다. 무조건 '저건 나쁜 거야!', '저렇게 하면 안 돼!'를 억지로 가르치는 것이 아니라 아이와 토론을 하다 보면 저절로 사회일반화 된 시각에서 벗어난 부분을 바로잡을 수도 있다. 이때 아이가 어리다는 생각은 잠시 접어 두어야 한다. 근거 타당한 주장을 펼칠 수도 있고 내가 모르는 부분을 일깨워 주기도 하기 때문이다. 어른이라고 그 생각이 모두 맞는 것은 아닐 수도 있다.

3. 물 만난 물고기 (독서 하브루타)

선교사인 아버지와 어머니와 함께 몽골 울란바토르에 머물던 남매, 여러 가지 요인으로 홈스쿨링을 하게 되었고, 5년 여간 몽골에서 생활하였다. 2012년 8월, 그들은 잠실실내체육관에서 열린 SBS 〈K팝 스타 2〉의 본선 1라운드 오디션에 참가했다. 남매는 '미쓰에이'의 노래인 〈Breathe〉와 자작곡인 〈다리 꼬지 마〉를 불러 예선 오디션에서 심사위원들로부터 최고의 찬사를 받으며 합격했다. 특히 심사위원인 박진영은 "이게 바로 싱어 송 라이터이고 이게 바로 듀엣"이라며 칭찬을 아끼지 않았고 보아와 양현석 또한, 작곡 실력을 칭찬하며 "가사에 라임이 있다, 정말 대단하다.", "K팝스타 시즌을 통틀어 이런 참가자는 없을 것이다."라고 말했다. 그들은 치열한 서바이벌 경연을 거친 끝에 경쟁에서 최종 우승했다. 그 해 발매된 〈매력 있어〉는 발매와 동시에 가온 차트에서 1위를 차지했다.

이 기사에 등장하는 인물은 악동뮤지션 이찬혁과 이수현 남매이다. 그들은 작사ㆍ작곡뿐 아니라 노래에도 특별한 재능을 갖고 있다. 노랫말마다 '어쩜 저런 가사를 쓸 수 있을까?' 하고 감탄을 자아내기도 한다. 음악에 대한 조예가 깊지는 않지만 이들의 노래는 다른 가수들과는 다른 뭔가가 있는 것 같다.

'이런 자유로운 생각들은 어디에서 온 것일까?'

이들의 긍정적인 에너지는 다른 사람의 눈과 귀를 즐겁게 해 준다. 미소를 머금게 만들고 행복을 느끼게 해 준다.

오빠인 이찬혁이 군 전역 후 또 하나의 사건을 만들었다. 소설을 쓴 것이다. 제목은 《물 만난 물고기》. 그냥 궁금했다. 노랫말과 다른 긴 호흡을 필요로 하는 장문의 소설을 어떻게 썼을지, 어떤 참신한 아이디어가 들어 있을지, 어떤 메시지를 전달할지, 한마디로 요약한다면 재미는 있을지. '휘리릭' 읽혀졌다. 많은 질문이 떠올랐다.

- 엄마: 아들, 《물 만난 물고기》 다 읽었어?
- 작은아들: 그럼.
- 엄마: 어떤 느낌이었어?(책을 읽은 전체 느낌은 어땠어?)
- 작은아들: 참신하던데. 역시 악동뮤지션이야. 이찬혁, 진짜 대단한 애 같아.
- 엄마: 어떤 면에서?(뭐가 대단하다고 생각하는데?)
- 작은아들: 자신의 생각을 다른 인물에 빗대어 잘 표현하는 것 같더라고. 난 소설 속 주인공 '산이'가 꼭 이찬혁 같더라고.
- 엄마: 그럼 '산이'를 도와주는 '해야'의 존재는 누구일까?
- 작은아들: 자기 내면의 인물인 거 같기도 하고 어찌 보면 독자들에게 희망을 주는 존재이기도 한 것 같아. 중요한 것은 자신의 꿈을 이루기 위해서는 그 누구의 힘을 빌어서가 아니라 자신이 스스로 찾고 그 목표를 향해 열심히 달려가야 한다는 거지.

- 엄마: 맞아 우리 아들처럼. 엄마는 이 책에서 기억에 남는 내용이 있는데 '사람들은 긍정을 기다리고 원하면서, 실상은 사소한 불만을 더 중요하게 생각해. 부정적인 것만 쫓아다닌다.'는 말이야. 자신이 하는 일에 자신감을 가져야 하는데 먼저 걱정부터 하고 '잘 안 되면 어떡하나?' 하는 부정적인 생각으로 시작조차 못하는 경우가 많잖아.
- 작은아들: 맞아. 나도 그런 적 많아. 알바 지원을 할 때도 내가 안 될 것 같으면 아예 지원을 안 하는 경우도 있었거든. 뭐든 문이라도 두드려 봐야 열릴 수 있는지 아닌지가 결정되는데 말이야. 내가 미리 재는 게 좀 많은 편이지. 난 신호등 얘기도 생각나. '사람들은 파란불을 기다리면서 빨간불에만 모여 있어. 그러다가 막상 기다리던 파란불이 켜지면 다들 떠나간다. 파란불은 자신이 주인공인 줄 알았는데 막상 자신이 무대에 오르면 아무도 없어.'
- 엄마: 그건 무슨 의미라고 생각해?
- 작은아들: 사람들은 정직하게 살고 있는 척하지만 사실은 사소한 일탈에 더 끌린다, 이런 뜻?
- 엄마: 응? 다시 한번만 설명해 줄 수 있어?
- 작은아들: 난 파란불을 긍정이라고 생각하고 빨간불을 부정이라고 생각해. 사람들은 모두 긍정적이어야만 한다고 생각하고 그리 행동하려고 하지만 사실 부정적인 것에 더 유혹되기 쉽고 끌린다는 거지.

방 안에 있던 큰아들이 거실로 나온다. 그래서 냉큼 이 내용을 읽어 주며 아들의 생각을 묻는다.

- **엄마**: 규진아, 넌 이 글을 듣고 무슨 생각이 들어?
- **큰아들**: 그게 어디서 나온 말이야?
- **엄마**: 이찬혁이 쓴 《물 만난 물고기》에 나오는 말이야.
- **큰아들**: 난 사람들이 목표 달성을 하고 나서의 느낌인 거 같아. 성취감 이면에 허전함이라고나 할까? 목표를 이루기 위해 최선을 다하고 결국 그것을 이루고 나서는 엄청 뿌듯하지만 또 다른 목표가 주어지지 않으면 뭔가 할 일이 없어진 것 같은 느낌에 허전한 생각이 들 때가 있거든.
- **엄마**: 그럼, 바로 또 다른 목표를 세워야겠네?
- **큰아들**: 자연스럽게 또 다른 목표가 생기지 않을까? 인생이 끝나는 시점이라면 몰라도 우리에겐 늘 새로운 과제나 목표가 주어지잖아.
- **엄마**: 그럴 수도 있겠네. 같은 글을 읽고도 생각하는 것이 모두 다르구나. 엄마는 처음에 이 글을 읽으면서 '뭐 당연한 말 아니야?'라고만 생각을 했었거든. 근데 그 다음 내용을 읽고 '아하!' 했어. '빨간불의 시간만 길다고 생각했는데 추위에 손과 다리가 꽁꽁 얼어버릴 정도로 꽤 긴 시간이 파란불의 무대였다.'라는 거였어. 어떤 일을 할 때 안 될 거라는 부정적인 생각에 너무 시간을 소비하는 것보다 잘될 거라는 긍정적인 생각을 갖고 목표를 이루기 위해 노력하는 시간이 훨씬 많아야 한다는 걸

얘기하는 것 같더라고. 상진이 생각이랑 좀 비슷한 맥락이기도 한 거 같아. 상진이가 이 책을 읽어서 엄마랑 생각이 비슷한가 봐. 악동뮤지션은 공교육을 안 받고 홈스쿨링을 하면서 자기가 하고 싶은 것을 하게 되었잖아. 이것에 대한 네 생각은 어때?

- 작은아들: 난 공교육은 기초 능력을 배우는 곳이라고 생각해. 기초 교육이 중요하기 때문에 만약 부모님이 홈스쿨링을 할 수 있는 능력이 되신다면 난 적극 찬성이야.
- 엄마: 부모님의 능력?
- 작은아들: 자식을 가르쳐야 하니까 지식적인 측면으로도 준비가 되어 있어야 한다는 뜻이지.
- 엄마: 부모만 준비가 되어 있어야 하나?
- 작은아들: 아니, 자식도 혼자 공부해야 하는 시간이 많아지니까 자기주도 학습 능력이 있어야 하겠지. 형은 홈스쿨링을 어떻게 생각해?
- 큰아들: 난 홈스쿨링은 반대야. 사람과의 관계를 배우는 것도 교육이라고 생각하는데 홈스쿨링은 너무 제한적이잖아.
- 엄마: 형은 사람을 좋아하니까 홈스쿨링은 당연히 싫어할 줄 알았어. 나중에 너희들이 결혼하고 나서 아이를 낳으면 엄마는 홈스쿨링 할 수 있을 것 같은데. 너희를 가르친 경험을 바탕으로다가. 엄마한테 너희 애들 교육을 맡길 수 있어?
- 큰아들, 작은아들: 엄마가 힘들지. 근데 그건 나중에 결혼해 봐야 알 것 같아.
- 엄마: 맞다 맞아. 며느리님의 허락이 필요하겠다.

자신이 하고 싶은 일을 하고 산다는 것은 쉬운 것 같으면서도 어려운 일이다. 사회적인 통념이라는 틀에 묶여 수없이 많은 고민과 선택을 할 수밖에 없는 다양한 상황이 발생하기 때문이다. 하지만 적어도 '행복'이란 단어를 떠올릴 수 있는 선택을 했으면 한다. 그 중요한 선택 앞에 때론 용기가 필요하기도 하다. '진정한 나'를 찾아갈 수 있는 소중한 기회를 잘 포착했으면 하는 바람이다.

대중들의 사랑을 받고 있는 아이돌 스타, 그들이 어떤 노력을 했고 그 자리를 지키기 위해 어떤 노력을 하고 있는지에 대한 이야기도 흥미로운 '하브루타' 소재가 될 수 있다. 막연히 꿈꾸는 삶이 아님을 알려 주기 때문이다.

4. 모나리자 (그림 하브루타)

학부모 강의든 학생들 강의를 할 때 21세기 인재형으로 '레오나르도 다빈치'를 주요 인물로 예를 들어 설명한다. 흔히 우리가 '창의융합형' 인재라고 일컫는 것이 바로 21세기형 인재를 말하는 것이다. 무궁무진한 본인의 역량을 얼마큼 펼치고 살아가고 있는지를 열심히 설명하다 보면 사실 안타까운 일들이 너무 많다. '꿈'이라는 내용을 얘기할 때가 더욱 그렇다.

'나는 나의 꿈을 얼마나 존중받고 있는가?'
'나는 나의 꿈에 대해 얼마나 많은 지지를 받으며 살아가고 있는가?'
'그 꿈은 누구를 위한 것인가?'
'그 꿈은 누구에 의해 결정된 것인가?'
'꿈은 있는가?'

이런 질문을 마주 대하고 나서의 반응은, 아이들은 아이들대로 어른들은 어른들대로 아쉬움과 후회라는 단어를 먼저 떠올리기도 한다. 물론 자신 있게 대답하는 사람들도 있기는 하다.

중학교 아이들의 반응을 볼 때면 안타까움이라는 감정도 있지만 나를 다시 한번 생각하게 되는 자기반성의 시간을 갖기도 한다. 강의를 위해 '레오나르도 다빈치'에 대한 책을 읽으면서 몰랐던 사실도 많이 접할 수 있게 되었다.

- **엄마:** 아들, 이 그림 제목이 뭔지 알아?
- **큰아들:** 엄만 날 어떻게 보고. 〈모나리자〉잖아.
- **엄마:** 그럼 이 그림을 그린 사람은?
- **큰아들:** 레오나르도 다빈치. 레오나르도 디카프리오 말고.
- **엄마:** 그렇지. 그럼 다음 질문, 레오나르도 다빈치가 그린 다른 작품은?
- **큰아들:** 〈최후의 만찬〉.
- **엄마:** 맞아. 그 두 작품이 가장 유명하지. 근데 '레오나르도 다빈치'는 그림을 잘 그리는 화가뿐만 아니라 다른 뛰어난 능력들이 많다고 그래. 혹시 알아?
- **큰아들:** 수업 시간에 듣긴 들었는데 자세히는 잘 모르겠네. 아, 병원에 걸려 있는 남자 인체도, 그것도 기억나네. 동그라미 원에 그려져 있는 그 나체의 남자.
- **엄마:** 그 작품 이름이 〈인체비례도〉라고 하던데. 암튼 그의 직업란에 적혀 있는 것을 보면 '화가, 조각가, 발명가, 건축가, 과학자, 음악가, 공학자, 문학가, 해부학자, 지질학자, 천문학자, 식물학자, 역사가, 지리학자, 도시계획가, 집필가, 기술자, 요리사, 수학자' 이렇게 주르륵 적혀 있더라고. 어떤 직업들은 서로 연관성을 갖고 있기도 하지만 전혀 다른 영역에 대해서도 엄청난 관심과 호기심이 많은 인물인 것 같아. 그리고 레오나르도 다빈치는 글을 오른쪽에서 왼쪽으로, 좌우를 반전시켜 기록을 했대. '거울형 글쓰기'라고도 하는데 거울에 비춰 보면

글자가 바로 보이는 기법인데, 이건 아무나 할 수 있는 건 아니라고 하더라고. 정말 대단해. 엄마가 학생들과 〈모나리자〉라는 작품을 보고 하브루타 토론을 시키거든. 그러면 정말 다양한 이야기들이 나오더라고. 짝끼리 토론을 시키고 나서 엄마는 그 토론 내용에 대해 '쉬우르'라고 하는 단체 토론을 유도하기도 하지. 그러면서 엄마가 알고 있는 내용을 전달하기도 하고. 넌 '모나리자'란 그림을 보면 어떤 느낌이 들어?

- 큰아들: '이 사람은 도대체 무슨 생각을 하고 있는 것일까? 만약 내가 그런 사람과 만난다면 어떤 기분이 들까?' 뭐 이런 생각. 그 그림 속의 인물이 실존 인물이라면 무서울 것 같아. 생각이 없는 건지 아니면 다른 생각을 하고 있는 건지를 알 수 없으니까.

- 엄마: 모나리자의 미소를 보면서 그런 생각을 했구나? 그게 '스푸마토 기법'이라 하더라고.

- 큰아들: 스푸마토 기법? 그게 뭐야?

- 엄마: 스푸마토가 이탈리아어로 '흐릿한', '자욱한'을 뜻하는 말인데 사람의 윤곽선을 일부러 흐릿하게 그려서 경계를 없애는 방법이래. 여인의 미소를 모호하지만 부드럽게 표현한 것이지. 이걸 보고 사람들이 레오나르도 다빈치의 〈모나리자〉는 인간에 대한 오묘한 감정과 관능의 표현이라고 하기도 하는데, 불분명한 점이 많아 여러 가지 가설이 생긴 것 같기도 해. 눈썹이 없는 것에 대한 생각은?

- **큰아들:** 원래 그런 사람 아냐?
- **엄마:** 이 그림에 대해 여러 가지 추측이 있기는 한데 하나는 그 시대에는 이런 스타일이 미인이라고 생각했다는 설, 또 다른 건 레오나르도가 형편이 어려워 돈이 되는 다른 일을 하느라 미쳐 그림을 완성하지 못하고 마무리해서 그렇다는 설도 있고. 원래는 있었는데 복원할 때 지워졌다는 설도 있더라고. 그 주인공은 피렌체 지역에 사는 어떤 부호의 부인이라고 하던데. 그 부인 이름이 '리자'이고 '모나'라는 것은 부인이라는 뜻이래. 그러니까 모나리자는 '리자부인'이라는 뜻이지.
- **큰아들:** 아 그렇구나.
- **엄마:** 모나리자는 더욱 유명해진 이유가 있다고 하던데 그거 알고 있어?
- **큰아들:** 응. TV에서 나왔었거든. 루브르 박물관인가 정확히는 모르겠는데 박물관에 있는 이 그림이 도난을 당해서 경찰이 이것을 찾는 과정에서 더욱 유명해졌다고 하던데.
- **엄마:** 맞아. 근데 모나리자가 오른쪽으로 상체를 틀고 있잖아. 그래서 관람자가 어느 위치에서 보느냐에 따라 느낌이 조금씩 다르다고 하더라고. 엄마가 봤을 땐 다 비슷하던데. 레오나르도는 어떤 인물을 그리려고 할 때 먼저 대상의 성격과 본성을 고려했대. 그 사람이 귀족인가 평민인가, 활기찬 성격인가 진지한 성격인가, 고민이 많은가 행복한가, 젊은 사람인가 늙은 사람인가, 성격이 급한 편인가 침착한 편인가, 호의

적인가 악의적인가와 같은 것들을 생각해 보며 사람을 관찰한대. 그리고 이런 종류의 사람들을 많이 찾을 수 있는 장소로 가서 그들의 얼굴, 행동, 옷, 움직임을 면밀히 관찰했대. 그리고 펜으로 스케치했대. 이것을 여러 번 반복하면서 많은 양의 스케치들을 모으게 되었고, 그리고 싶어 하는 사람에 대해 충분한 준비가 되었을 때 비로소 정교하게 그리는 데 집중했다고 하더라고. 대단하지 않냐?

- 큰아들: 엄마는 그걸 어떻게 다 알았어?
- 엄마: 강의하려고 녹색 창을 검색해서 알아봤지. 아이들이나 어른 수강생들에게 새로운 정보를 알려줘야 하는데 엉터리로 알려주면 안 되잖아. 그리고 놀라운 정보를 하나 찾았는데 레오나르도 다빈치가 동성애자였다는 가설도 있더라고.
- 큰아들: 지난번에 서프라이즈에 나오긴 했었어. 그런데 증거 불충분으로 무죄 판결을 받았다고 하던데.
- 엄마: 그래? 동시대를 살아 보지 않았으니 정확히는 모르겠고 알려줄 사람도 없고. 이 모나리자 그림에 또 다른 모호함과 신비로운 것이 있다는데 뭐가 보여?
- 큰아들: 글쎄, 그냥 미소만 신기해서 봤지. 다른 건 모르겠는데.
- 엄마: 인물 뒤에 묘사되어 있는 풍경이 대기원근법으로 표현했다고 하더라고. 대기원근법은 색채의 조정을 통해 대기의 효과를 묘사함으로써 공간감을 표현하는 방식이래. 사실 엄마도 무슨 말인지는 잘 모르겠는데 녹색창이 그렇게 얘기해 주더라고.

쉽게 표현을 하면 가까운 곳의 풍경은 붉은색 계열을 사용해 명확하게 묘사하고, 먼 곳의 풍경은 청색 계열의 색을 사용해서 윤곽선을 흐릿하게 묘사하는 기법이래. 그래서 한 작품인데도 공간이 뒤로 물러나는 듯 보이게 하는 효과를 볼 수 있대.

- 큰아들: 난 리자 부인이 창문 앞에 앉아 있는 줄 알았지. 어쨌든 엄마 덕분에 많은 것을 알게 되었네. 엄마 그러다 논문 쓰겠어.
- 엄마: 이미 다른 사람들이 정리해 놓은 것이기 때문에 논문까지는 아니지. 그래도 공부하다 보니까 재미는 있더라고.

때마침 귀가한 작은아들.

- 엄마: 상진아 넌 〈모나리자〉를 보면 어떤 생각이 들어?
- 작은아들: 좀 야비할 것 같은? 그 미소 안에 뭔가 들어 있을 것 같은. 그런 미소를 짓는 사람을 보면 속마음을 도통 알 수 없어서 가까이하기가 좀 그렇더라고.
- 큰아들: 자, 옷 갈아입고 얼른 와. 엄마한테 〈모나리자〉 그림에 대해 설명 들어. 박사급이야 울 엄마.
- 엄마: 조만간 논문 쓸 수도.

이렇게 오늘도 명화를 보며 두런두런 우리들만의 이야기를 만들어 나간다. 서로 질문을 하다 보니 더 많은 호기심과 관심이 생긴다. 억지로 학습되어지는 것이 아니라 자연스럽게 얻게 되는 지식이다.

아이들과 미술관에 가면 여러 가지 제제를 필요로 하는 환경 때문에 서로가 스트레스를 받게 되기도 한다. 오늘은 유명한 명화가 담겨 있는 그림책을 보며 아이들과 소중한 추억거리를 만들어 보는 것은 어떨지 조심스레 제안해 본다.

5. 할아버지, 할머니 건강하세요 (일상 하브루타)

해가 거듭될수록 걱정되는 것이 하나 있다. 아이들의 자립, 우리 부부의 노후보다도 더 시급해진 문제가 시부모님과 친정엄마의 건강이다. 어르신들 모두 팔순을 넘기시면서 신체 변화의 속도가 눈에 띌 정도이고 점점 기억력도 흐려지기 시작했다. 남편은 장남, 나 역시도 장녀이다. 물론 친정은 오빠가 세 분 계셔서 내가 느끼는 부담이 좀 덜하긴 하지만 그래도 걱정은 매한가지다. 지금 당장 우리가 하는 일을 접을 수도 없고, 그렇다고 어르신들에게 우리랑 같이 살아 주기를 고집해서 올라오시라고 할 수도 없다.

이번 명절도 아슬아슬한 상황이 여러 번 발생했다.

- 큰아들: 엄마, 요즘 할아버지가 좀 이상하신 것 같아.
- 엄마: 왜?
- 큰아들: 계속 같은 얘기만 하시잖아. 용준이 형 언제 오냐고 몇 번을 물어보셨어.
- 작은아들: 맞아. 밤에 잘 때도 우리 방을 왔다 갔다 하시면서 이불 걱정을 하고 얼른 자라는 얘기를 계속하셨어.
- 엄마: 그러게 요즘 할아버지 건강이 자꾸 안 좋아지시는 것 같아 걱정이야.
- 아빠: 작년 하고도 많이 다르시네. 걱정이야.

- 엄마: 우리가 모셔야 하는데 지금은 방법이 없어서 더 걱정이 돼. 우리가 어머님, 아버님 집으로 들어갈 수도 없고 그렇다고 올라오시라고 할 수도 없고.
- 아빠: 더군다나 아버지는 담배까지 태우시니 우리랑 같이 사는 것도 힘들어. 금연 아파트로 지정이 되어 있어서 매일 민원 들어올 거야. 엄마는 집 밖으로 나가셨다가 길을 잃어버리기 쉽고.
- 엄마: 당신은 어떻게 하는 게 좋겠어?
- 아빠: 우리가 내려가서 부모님을 모시는 것이 제일 좋은 방법인데 지금 당장은 그럴 수가 없잖아. 걱정만 하는 거지 뭐.
- 큰아들: 우리가 직장이라도 잡았으면 엄마랑 아빠가 할머니 집으로 가도 될 텐데.
- 엄마: 그러게. 여러 가지로 걱정이 많다. 지금은 그래도 두 분이 같이 계시니까 걱정이 좀 덜한데, 만약 두 분 중에 한 분이 돌아가시면 어떻게 해야 할지 진짜 고민이야. 아버님이 먼저 가시면 어머님이 겁이 너무 많으셔서 혼자 계실지 그것도 의문이야. 그리고 어머님이 먼저 가시면 지금 아버님 건강 상태로는 절대 혼자 계시면 안 될 거 같고. 우리가 빨리 기반을 잡아서 시골로 내려가 어머님, 아버님을 모시면 좋을 텐데. 그러려면 얼마나 시간이 필요할까?
- 아빠: 애들도 대학 마무리해야 하고 나도 회사를 좀 더 키워 놔야 하니까 빨라야 7년? 10년이 필요할 수도 있고.
- 엄마: 그러면 지금 우리가 할 수 있는 일이 뭐가 있을까?

- 큰아들, 작은아들: 전화 자주 드리는 거?
- 큰아들: 할머니는 내가 수업 중일 때도 가끔 전화하셔. 끝나고 전화해야지 하면서도 깜빡할 때가 있어서 죄송해.
- 작은아들: 나도 그래.
- 엄마: 너희들이랑 통화가 안 되면 바로 엄마에게 전화 온다는 거. '무슨 일 있는 거 아니냐고.' 할머니도 예전과 다르게 염려증이 더 심해지셨어. 엄마가 강의 중이라 못 받을 때는 아빠한테 또 전화하신대. 할머니한테 전화가 와 있으면 바로바로 전화 드려.
- 큰아들, 작은아들: 알았어.
- 엄마: 여보, 우리는 적어도 한 달에 한 번은 부모님 뵈러 가. 그냥 점심 먹으러 간다 생각하고 휘리릭 다녀오면 될 것 같아. 간다고 미리 말씀 드리진 말고. 도착할 때까지 계속 전화하실 테니까.
- 아빠: 그러면 나는 고맙지. 오는 길에 장모님도 뵙고.
- 엄마: 나도 땡큐지. 근데 얘들도 우리 나이가 되었을 때 이런 고민을 할까나?
- 작은아들: 엄마, 난 우리 가족이 다 같이 살았으면 좋겠는데. 3층짜리 건물에 1층은 엄마랑 아빠, 2층은 형네 가족, 제일 젊은 나는 3층에 살고.
- 엄마: 그게 네 맘대로 되는 거니? 네 와이프 생각이 중요하지. 아니 네 형수님 생각도. 그렇게 된다면 엄마는 좋아. 엄마가 손주들 봐 줄 수는 있으니까.

- 아빠: 당신은 지금도 이렇게 열심히 살면서 나이 들어서도 애들을 봐 준다고? 난 반대일세. 난 놀러 다닐 건데?
- 엄마: 당신은 골프 치고 여행 다니고 해. 난 우리 애들이랑 재밌게 보내고 있을게.
- 아빠: 당신 없이 무슨 재미야. 그리고 그런 확답을 해 주면 안 돼. 애들 봐 준다는 거. 너희들 행여나 그런 생각하지 마라! 내 마누라 나이 들어서까지 고생시킬 순 없다.
- 큰아들: 그때를 위해 엄마가 연습하는 거 있어.
- 아빠: 뭐?
- 큰아들: '이모님~~~'
  도우미 이모님이 식사 준비나 청소를 해 주면 되고 엄마는 우리 애들을 봐 주면 될 것 같은데.
- 엄마: 얘 봐라. 세팅 완벽하게 하는데? 어쨌건 그건 내 마음대로 안 될 수도 있다. 의지는 있으나 몸이 안 따라 줄 수도.
- 작은아들: 엄마, 그래서 운동을 해야 해. 가끔 가지 말고 매일매일.
- 엄마: 얼씨구. 엄마가 왠지 코 꿰인 것 같은 기분이네.
- 아빠: 그래서 미리 공약을 하면 안 돼.
- 엄마: 공짜는 없다. 난 너희 애들 봐 주면서 보육비는 꼭 받을 거다. 우리가 할머니, 할아버지 얘기하다가 여기까지 왔네. 어쨌거나 너희들은 할머니, 할아버지한테 가끔 전화라도 드려.
- 큰아들, 작은아들: 응. 그리고 만약 엄마, 아빠가 천안 갈 때 우리도 시간이 되면 같이 갈게.

- 엄마, 아빠: 그래 고맙다.

아이들은 잠이 들었고 우리 부부는 이야기를 이어 갔다.

- 남편: 만약 나한테 치매가 오면 어떻게 할 거야? 우리 집이 가족력이 있어서 나도 치매에 걸릴 확률이 있는데.
- 아내: 뭐 어째, 나라도 데리고 살아야지. 애들한테 부담 줄 수는 없고, 내가 어디다 버리지 않고 잘 돌봐 줄게. 그건 왜 물어? 갑자기.
- 남편: 만약 나한테 그런 낌새가 느껴지면 날 바로 시설에 보내 줘.
- 아내: 시설? 요양원? 그건 좀 그렇지.
- 남편: 치매는 당신 혼자 감당하기 어려워. 그때 되면 당신도 나이가 들었을 텐데 괜히 나 때문에 당신 삶까지 힘들게 하긴 싫어.
- 아내: 그 비용도 만만치 않을걸? 경제적인 부분을 어떻게 해결하려고? 난 우리 애들한테 부담을 주긴 싫은데.
- 남편: 우리가 나이 들었을 때가 되면 사회복지도 많이 개선되어 있겠지. 지금 노령 인구가 계속 늘고 있으니까 여러 가지 정책들이 나올 거고. 특히 우리나라는 고령화사회로 접어들었고 그 속도 역시 빠르게 진행되고 있잖아. 분명 좋은 시설이 많이 생길 것이고 비용도 그리 비싸지는 않을 거야. 돈만 있다면 골라 갈 수도 있을걸. 그래도 혹시 모르니까 내가 건강할 때 열심히 벌어 놓을게. 당신이 그런 걸로 걱정하지 않도록 다 준비해 놓을게.

- 아내: 우리가 벌써 이런 얘기를 한다는 것이 왠지 슬프네. 그럼 만약 나한테 그런 증상이 나타나면 어떻게 할 거야? 요양원에 보낼 거야?
- 남편: 아니, 내가 끝까지 돌봐 줄게.
- 아내: 그런 게 어디 있어?
- 남편: 당신은 지금처럼의 총기라면 치매는 안 올 거 같아. 그래서 별 걱정은 없어. 장담해. 그리고 만약 내가 자가 호흡이 힘든 시기가 오면 산소 호흡기는 안 채웠으면 해.
- 아내: 여보, 난 그렇게는 못할 것 같아. 우리 아버지도 유언 한마디 남기지 못하고 중환자실에서 의식 없이 계시다가 가셨잖아. 그런데도 아버지가 계시지 않다는 것을 받아들이는 데까지 너무 오랜 시간이 필요했었어. 그냥 존재하는 것만으로도 의지가 될 것 같아. 그런 얘기는 하지 마.
- 남편: 가망이 없는데 가족들이 고생을 한다는 건 좀 그래. 그냥 편하게 보내 줘. 그리고 내 장기로 살릴 수 있는 사람이 있으면 기증도 하고.
- 아내: 우리 그런 얘기 그만하자. 내가 먼저일 수도 있어. 이 세상에 오는 순서는 정해져 있어도 가는 것은 순서는 없다고 하잖아. 우리 살아 있는 동안 건강이나 잘 챙기자고.
- 남편: 그래.

남편이 슬며시 내 손을 잡으며 달달한 멘트를 날린다.

● 남편: 올 명절도 고생 많았어. 우리 지금처럼만 살다 가자고.

이래서 명절의 힘들었던 일들도 잊는다.

'정말 건강히, 사람 냄새 나는 사람으로 늙어 가리라.'
마음속에 다짐을 되뇌어 본다.

6. 제주도, 혼자 옵서예 (여행 하브루타)

해마다 여름 휴가철이 다가오면 가족 여행을 계획한다. 결혼 25년을 보내는 동안 우리가 꼭 실천한 일 중의 하나는 시부모님과 친정 부모님과의 여행이다. 특히 친정아버지가 돌아가신 후 친정엄마를 모시고 가는 여행에 대해서는 늘 남편이 먼저 얘기를 해 준다. 너무나 감사하게도 말이다.

이번 여행지는 제주도이다. 친정엄마가 "더 나이 들어 움직이기 힘들어지기 전에 꼭 다시 한번 가고 싶은 여행지가 제주도야."라는 얘기를 했었는데 그걸 기억하고 준비를 해 준 것이다.

- 아빠: 이번 여행은 외할머니 모시고 제주도로 가려고 해. 시간이 넉넉하지 못해서 2박 3일로 빠듯하게 다녀올 것 같아. 그래서 너희들이 갈 곳이랑 맛집을 검색해 줬으면 좋겠는데. 아빠는 비행기 티켓이랑 숙소를 알아볼게.
- 큰아들: 예전에 몇 번 가 봤으니까 주요 관광지 말고 여유 있게 쉴 수 있는 곳으로 알아볼까?
- 작은아들: 요즘 젊은이들 사이에 핫한 곳으로 가도 되나?
- 아빠: 너무 많이 걷거나 그러면 안 돼. 외할머니가 힘들어하시니까. 여유롭게, 시간에 제약 없이 즐길 수 있는 곳으로 해야 할 것 같은데. 식사도 소화가 잘되는 것으로 하면 좋고.

- 엄마: 맞아. 너무 유명한 곳은 사람들로 북적거릴 수 있으니까 조용한 해변도 좋을 것 같아. 외할머니도 웬만한 곳은 다녀오셨을 거야. 근데 여보, 울 엄마가 어딜 가고 싶다, 무얼 먹고 싶다고 얘기하시는 분이 아닌데 요번에는 웬일로 제주도를 다시 가 보고 싶다고 얘기하시네.
- 아빠: 그러게. 장모님은 좀체 '좋다, 싫다'를 표현하시지 않고 뭘 하고 싶다는 얘기도 하지 않는데 말이야.
- 엄마: 암튼 엄마가 가 보고 싶어 하시는 곳이니까 잘 준비해야 할 것 같아.
- 아빠: 그러니까 너희들도 잘 알아봐야 해.
- 큰아들: 얼마 전에 서아 누나가 제주도에서 한 달 살기를 했으니까 물어보고 그걸 참고로 목적지를 정할게.
- 아빠: 그래. 그거에 따라서 숙소도 정해야겠다.
- 작은아들: 엄마는 나중에 엄마가 꼭 가고 싶은 곳, 먹고 싶은 것이 있으면 꼭 얘기해 줘.
- 아빠: 엄마도 그런 얘기 잘 못할걸?
- 엄마: 그럴지도 모르지. 자식들 형편도 있는데 부모가 돼서 이거하고 싶다, 저거하고 싶다 그러면 너희들이 얼마나 힘들겠어? 그러다 엄마 며느리한테 구박받는다.
- 큰아들: 부모님한테 하는 건데 뭘 그런 걸 가지고 뭐라 해.
- 엄마: 너도 결혼해서 살아봐라. 맘대로 안 될 때가 있단다.

- 작은아들: 그래도 난 엄마가 좋아하는 음식은 좀 아는데. 옥수수, 감자떡, 곶감. 이건 뭐 그리 비싸지 않은 거니까 내가 해결할 수 있어.
- 엄마: 아무리 싼 거라도 우리한테 뭘 해 줄 때는 네 마누라한테 얘기하고 해. 그런 일로도 싸우더라.
- 아빠: 어어. 너무 깊이 들어간다. 오늘은 여기서 그만.

며칠 후,

- 큰아들: 해변가에서 놀 수 있는 곳이 있는데 외할머니는 물을 무서워하시나? 엄마는 엄청 무서워하잖아.
- 엄마: 외할머니가 은근 스릴을 즐겨. 엄마보다 더 용감할걸. 혹시 모르니까 전화해서 여쭤 봐.
- 큰아들: 그래야겠네. (바로 전화) 할머니 저 규진이에요. 이번에 저희랑 제주도 여행 가시는 것은 알고 계시죠?
- 외할머니: 그래. 아빠 덕분에 할머니가 호강이다.
- 큰아들: 근데 혹시 물 무서워하세요? 저희가 보트를 타 볼까 해서 바닷가를 가려고 하는데 어떠세요?
- 외할머니: '쌩쌩' 달리는 겨?
- 큰아들: 아니에요. 노를 저어서 움직이는 작은 보트예요. 근데 보트가 투명이라 바닷물이 다 보여요. 괜찮으시겠어요?
- 외할머니: 그럼 괜찮지.

- 큰아들: 네. 저희가 재밌는 데도 많이 모시고 가고, 맛집도 많이 모시고 갈게요.
- 외할머니: 그려. 고마워.

- 아빠: 여행지랑 맛집 검색은 다 마무리된 거야?
- 큰아들, 작은아들: 응. 여행할 곳은 외할머니한테도 전화를 드려서 힘들지 않은 코스로 검색해 두었어. 그리고 맛집은 TV에 나온 곳이랑 서아 누나가 추천해 준 곳이랑 다양하게 검색해 놓았지.
- 아빠: 그럼 아빠가 그 동선을 고려해서 숙소를 정할게. 수고했어.

내가 할 일은 가방을 싸는 일이다. 바닷가에서 즐길 수 있도록 친정 엄마의 비치 패션 아이템도 챙겼다.

출발 전 공항에 앉아 우리는 우리의 즐거운 여행을 위해 스케줄을 공유한다. 엑셀로 정리된 A4 용지 안에 남편의 섬세함이 들어 있다. 그 모습을 보고 친정엄마는 "역시나!" 하신다.

즐거운 추억 여행 출발!

구분		비고
항공	김포 출발: 7월 23일 16시 40분(○○항공)	예약번호 7668-0000, 8668-0016
	제주 출발: 7월 26일 10시 10분(○○항공)	
렌터카	SM6 5인승 (제주○○, 1566-0000)	제주공항 5번 게이트 앞 횡단보도 건넌 후
	대여기간: 7월 23일 18시 00분 ~ 7월 26일 09시 00분	우측 렌터카 셔틀 주차장 5구역 14번 제주 ○○
	면허증 소지	제주시 도령로 000-0
숙소	제주 ○○펜션 구좌읍 월정리 000, T.010-8473-0000	23일, 24일 (2박)
	제주 탑○○○○ 호텔	제주시 용남1길 00, T.010-7737-0000

일자	여행지	식사
23일	출발	석식: 제주 흑돼지
24일	성산포항 종합여객터미널→우도	중식: ○○ or 파도○○ 해녀 촌
	8시부터 30분 간격으로 있음	석식: 바비큐/해물
25일	월정리 해안 / 산책	중식: 우럭정식
	○○○ 녹차해수 사우나→호텔	석식: ○○식당(백**) or ○○식당(동문시장 내 국밥집)
26일	서울 복귀	조식: 갈치 김밥

2박 3일이 쏜살같이 지나갔다. 웃고 떠들고 맛난 거 먹고 열심히 추억을 남기려 사진도 무자비하게 찍었다. 너무 감사한 여행이었다. 제일 감사했던 것은 친정엄마가 씩씩한 발걸음으로 여행 내내 즐거워하셨고 행복해하셨다는 것이다.

마지막 밤, 우리 다섯은 한 자리에 모여 앉아 조촐한 여행 마무리 파티를 했다.

- 친정엄마: 사위 덕분에 즐겁게 여행했네. 맛있는 것도 많이 먹고 신기한 것도 해 보고.
- 사위: 지금처럼만 건강하시면 돼요. 다음엔 더 좋은 곳으로 모시고 갈게요.
- 외손주들: 맞아요. 할머니가 계속 건강하셔야 해요.
- 딸: 그래 엄마. 엄마가 건강해야 우리가 또 놀러가지. 또 가고 싶은 데 있으면 얘기해.
- 친정엄마: 그려. 고마워. 너희들도 건강 잘 챙기고. 우리 사위는 하는 일 잘되고.
- 다 같이: 다음 여행을 위해 건배!

분명 친정엄마의 다리 힘은 작년보다 덜하다. 아니 연초보다도 그 덜함이 느껴진다. 몇 년 동안 이런 여행을 할 수 있을지는 모르겠지만 함께하는 시간을 열심히 준비하고 즐길 생각이다.
"장모님, 엄마, 외할머니! 항상 건강하세요!"

만약 여행을 계획하고 있다면 아이들에게 계획을 세워 볼 수 있게 하는 것도 좋을 듯하다. 그리고 여행지에 갔을 때도 'OO이의 날'이라고 정해서 그날은 OO의 계획으로만 이루어지는 여행을 즐겨 보는 것도 좋은 방법이다. 본인이 직접 계획하고 주도하는 연습을 하다 보면 자신의 삶에도 주도적으로 살아갈 수 있는 힘이 생겨날 것이다.

7. 칭찬 편지 쓰기 (칭찬 하브루타)

《칭찬은 고래도 춤추게 한다》

칭찬 한마디로 끌어올리는 긍정의 힘이 위대함을 이야기하는 책이다. 세계적인 경영 컨설턴트인 켄 블랜차드(Ken Blanchard)가 쓴 책으로 칭찬이 가져다주는 긍정적인 변화와 인간관계, 그리고 동기부여 방식 등을 소개하고 있다. 일명 '고래 반응', 몸무게 3톤이 넘는 범고래가 관중들 앞에서 멋진 쇼를 펼쳐 보일 수 있는 것은 고래에 대한 조련사의 긍정적 태도와 칭찬이 있었기 때문이라고 한다.

보통의 사람들은 긍정적 태도로 칭찬을 하고 싶어 하지만, 사실 긍정적 태도와 칭찬의 중요성을 제대로 알고 실천하는 사람은 드문 편이다. 이 책을 읽고 우리나라도 칭찬 열풍이 세차게 불기도 했고, 나 역시도 강의할 때 자주 언급을 했다. 이론은 잘 아는데 실제는 어렵다는 칭찬, 긍정적 관계의 중요성을 깨우쳐 보고 칭찬의 진정한 의미와 방법을 우리 스스로 찾아보도록 하자.

의사소통이라는 강좌를 듣고 있는데 강사님이 숙제를 내 준다.

"이번 주는 아이들에게 하는 칭찬 10가지를 써 보고, 직접 표현도 해 보세요."

숙제는 꼭 해야 한다는 강박 아닌 강박을 갖고 있는 나는 설거지를 마치고 책상 앞에 앉았다.

'칭찬? 칭찬 10개라.'

작정하고 하지 않는 이상 그동안 칭찬에 인색했었다는 나를 대면하게 되었다. 늘 결과에 대한 칭찬에만 열을 올렸다는 생각에, 과정도 돌아보지 못했다는 생각에 '후끈' 얼굴이 달아오른다. 10가지를 채우고 나니 칭찬해야 할 일들이 아니, 칭찬했어야 했던 일들이 하나둘 떠오르기 시작한다. 그래서 예쁜 편지지를 찾아 하나씩, 하나씩 적어 내려가기 시작했다.

큰아들에게 보내는 칭찬 메시지, 작은아들에게 보내는 칭찬 메시지 각각 48개씩(당시 내 나이가 48세이어서) 칭찬거리를 찾아 적었다. 아끼느라 안 해서 그랬는지 칭찬할 일들이 제법 많았다.

마침 군대에서 휴가를 나온 큰아들이 복귀하는 날이라 몰래 주머니에 깊숙이 찔러 넣어 주었다.

- 큰아들: 엄마, 복귀해서 옷 갈아입다가 깜짝 놀랐어. 이게 뭐야?
- 엄마: 응, 엄마가 수강하는 강좌가 있는데 강사님이 숙제 내 준 거야. 칭찬 10가지를 써 보고 직접 말로 해 보라고 했거든.
- 큰아들: 근데 왜 이렇게 많아?
- 엄마: 엄마가 쓰다 보니까 그렇게 많더라고. 그 숫자의 의미는 엄마의 나이야.
- 큰아들: 읽어 보니까 기분이 좋았어. 감동이야.
- 엄마: 원래는 더 많은데 엄마가 시간이 없어서 거기까지만 쓴 거야. 그동안 우리 아들이 엄마에게 칭찬받을 일이 많았더라고. 그런데 제대로 칭찬을 하지 못한 것 같아 오히려 미안한 생각이 들더라.

- 큰아들: 엄마 마음 잘 알지. 그래도 직접 해 줬으면 더 좋았을 수도 있을 것 같아.
- 엄마: 맞아. 앞으로는 엄마가 칭찬도 많이 하도록 할게. '그 쪽지 보고 전화해 줘서 고마워. 그래서 널 칭찬해.'
- 큰아들: 좀 어색한데. 그래도 기분은 좋다.
- 엄마: 그래. 군 생활 잘하고, 늘 건강 잘 챙기고.
- 큰아들: 응 엄마. 걱정 마. 그리고 고마워 엄마.

대학 새내기 입학생인 둘째 아들에게는 먼저 사진을 찍어 전송한다(남편 직장 문제로 남편과 아들이 잠시 원룸에서 생활하던 시기였기 때문에 떨어져 지냈다).

- 작은아들: 엄마 이게 뭐야? 어디 제출하는 숙제야?
- 엄마: 원래 숙제는 10가지인데 엄마가 칭찬을 쓰다 보니까 많더라. 더 쓸 수도 있었는데 이번에는 엄마 나이만큼만 쓴 거야.
- 작은아들: 근데 칭찬할 일이 이렇게 많았어? 난 들어 보지 못한 칭찬이던데.
- 엄마: 맞아. 그동안 엄마가 칭찬에 너무 인색했더라. 반성하면서 썼어.
- 작은아들: 나한테만?
- 엄마: 아니 형한테도 썼지. 부대 복귀할 때 군복에 넣어 주었어.
- 작은아들: 그럼 아빠는? 서운해하시는 거 아냐?
- 엄마: 아빠한테는 말로 할게. 칭찬받으니까 기분이 어때?

- 작은아들: '내가 이런 일도 칭찬받아야 하나?' 싶기도 하고 '맞아. 이때는 엄마가 칭찬해 주길 바랐어.' 하는 내용도 있고 그렇던데. 그래도 엄마가 내 마음을 이해하고 있었다고 생각하니까 기분이 좋더라고.
- 엄마: 칭찬은 고래도 춤추게 한다고 하는데 우리 아들들에게 칭찬을 많이 해 줬더라면 더 행복했었을 거라는 생각이 들더라. 너희들도 그렇고 엄마도 그렇고. 넌 어떤 칭찬을 들을 때 기분이 좋았어?
- 작은아들: '애썼어.', '고생했어.', '너니까 가능한 일이었어.' 뭐 이럴 때?
- 엄마: 그렇구나. 엄마는 맨날 결과만 보고 '잘했다, 못했다.' 또는 '더 열심히 해야지.', '좀 더 노력하면 되는데 왜 그걸 안 할까?' 하는 식의 아쉬움만 얘기했었는데 우리 아들한테 미안하네.
- 작은아들: 나도 나름 열심히 한다고 했는데 엄마가 '더 노력해야지.' 할 때면 맥이 빠지긴 하더라고.
- 엄마: 그랬어? 우리 막둥이 아빠랑 트러블 없이 잘 지내줘서 고맙고 그런 너를 칭찬해.
- 작은아들: 좀 오글거리기는 한데 기분은 좋네. 그리고 아빠한테도 꼭 칭찬해 주셔.
- 엄마: 아빠에게는 어떤 칭찬을 해 주면 좋을까?
- 작은아들: 가족 여행을 자주 다녀 주시는 것, 맛있는 것 드시고 오시는 날이면 꼭 가족들과 같이 가자고 얘기해 주시는 것, 우리랑 술 한잔해 주시는 것, 일요일에 조조영화 보

고 맛난 것 사 주시는 것, 그리고 엄마랑 '알콩달콩' 재밌게 사시는 것, 그리고 우리의 생계를 위해 애쓰시는 것, 할머니 할아버지 집에 자주 가시는 것 등등.

- 엄마: 오, 많네. 우리 막둥이가 그동안 아빠를 그렇게 생각하고 있었구나. 아빠가 들으면 기분 좋아하시겠다. 오늘 퇴근해서 오시면 직접 말로 해 보는 것은 어때?
- 작은아들: 할 수 있을까?
- 엄마: 넌 그래도 잘 표현하는 편이잖아. 엄마한테도 고맙다는 얘기도 자주 하고. 한 번 시도해 봐.
- 작은아들: 일단 시도는 해 보겠지만 잘될지는…
- 엄마: 왜? 하면 되지.
- 작은아들: 평소에 엄마한테는 자주 했는데 아빠는 왠지 좀 그래. 어색할 것 같아. 남자들끼리는 얘기 안 해도 통하는 그 뭔가가 있어.
- 엄마: 그래도 말로 표현해야 알지. 말로 하는 것을 어색하다고 느끼는 이유는 뭘까?
- 작은아들: 자주 안 해서 그렇지 뭐. 표현도 해 봐야 느는 것 같아.
- 엄마: 그래도 오늘 시도해 본다는 것이 중요하니까 한 번 해 봐. 아들 파이팅!

결과는 곰살궂은 작은아들이었지만 남자 둘이 앉아 이런 얘길 하자니 어색하더란다. 그래서 결국 못했다고. 칭찬도 연습이 필요함을 다시 한 번 느끼는 시간이었다.

《칭찬은 고래도 춤추게 한다》에서 소개한 칭찬하는 방법을 몇 가지만 나열해 보려고 한다.

첫째, 긍정적인 면을 강조하라.
둘째, 잘한 일에 초점을 맞춰라. 이때 과정에 대한 칭찬도 절대 잊지 말라.
셋째, 벌을 주지 말고 시간을 줘라.
넷째, 일에 대한 보상보다 재미가 중요하다는 것을 기억하라.
다섯째, 첫사랑을 대하듯 다른 사람을 대하라.

굳이 위의 내용들을 설명하지 않아도 모두 끄덕끄덕 하리라 생각한다. 절대 아끼지 말아야 할 것이 칭찬임을 다시 한번 강조한다.

마지막으로 부탁하고 싶은 말은, 가끔은 나 스스로를 칭찬하라는 것이다. 자기 칭찬 없이 다른 사람만 칭찬하다 보면 때로는 자존감이 낮아지거나 자아 상실감에 빠져 괴로울 때가 있다. 그러니 나에 대한 칭찬은 아낌없이 해 보자. 결국 자기애가 높은 사람이 칭찬도 잘한다는 것을 느낄 것이다.

오늘은 잠들기 전에 나에게 하는 칭찬거리를 찾아 꼼꼼히 메모를 남겨 보자. 나에게 주는 칭찬이지만 다른 사람도 나를 그렇게 바라보고 있다고 생각하면 저절로 미소를 머금을 수 있을 것이다.

'여러분은 존중받아 마땅하고, 칭찬받아 마땅한 그런 사람입니다.'

제5장

매일 성장하는 나와 우리 가족

우리 집 거실에는 작은 희망들이 가지런히 앉아 있다. 햇빛을 바라보며 그 따스함을 좀 더 많이 느끼려고 그곳을 향해 몸을 돌린다. 그러다 보면 한쪽으로 치우쳐 자신의 몸을 '축' 늘어뜨린다. 그러면 난 다시 방향을 돌려 골고루 따스함을 느낄 수 있게 해 준다. 잎사귀들이 시들해지고 '쪼글'거리기 시작하면 물을 한 모금 전해주면 된다. 가끔은 스프레이로 겉만 적셔 주는 날도 있다. 생긴 모양에 따라 갖고 있는 기질에 따라 물의 양은 조절해 주어야 한다. 간혹 지나친 욕심에 물을 과하게 주면 그들은 버거움을 토로하면서 '시름시름' 앓는다. 며칠 동안 눈여겨 살펴보고 마음을 전하고 나면 다시 기운을 내준다. 이들을 통해 위로를 받기도 하고 용기를 얻기도 한다. 오늘도 나의 아침은 그들과 눈빛을 마주 대하며 시작된다.

'진심은 통한다.'라는 말이 있다. 말로 표현 못하는 식물도 내가 어떤 마음으로 그들을 대하느냐에 따라 나에게 진한 감동을 전해 준다. 관심이 시들해지면 '나, 지금 힘들어요. 눈길 한 번 주세요.'라고 소리 없는 시그널을 보낸다.
하물며 사람은 오죽하겠는가? 그런데 나와 마찰이 생긴다는 이유로 회피하거나 때론 방관하거나 때론 더 심하게 부딪히면서 내가 우위에 서 있다고 그 힘을 과시하기도 한다. 잘 살펴보자. 우리의 아이들이 어떤 신호를 보내고 있는지를. 그리고 그들이 보내는 신호에 재빠르게 반응을 보여 주자. 너무 앞서가지도 말고 너무 뒤쳐져서 따라가기만 하지도 말고.

'낄끼빠빠' 껴야 할 때 끼고, 빠져야 할 때는 빠져야 한다는 신조어이다. 가족 구성원 간에도 적절한 타이밍의 '낄끼빠빠'가 필요하다.
이제부터는 눈치 없게 엉덩이 붙이고 무조건 앉아 있지는 말자. 그리고 남편과 아이들과 아낌없는 소통을 해 보자. 그러면 우리들은 조금씩 달라지는 우리 스스로를 발견하게 될 것이다. 오늘도 우리 가족은 성장을 하고 있는 중이다.

1. 기상 미션 확언 쓰기

오전 6시 50분, 오늘도 어김없이 알람이 울린다. 긴 기지개를 한 번 펴고 식탁 의자에 앉는다. 그러곤 펜을 들고 나의 다짐, 나의 바람을 한 글자, 한 글자 새겨 놓는다.

'나와 우리 가족은 매일 성장한다.'

그렇게 나의 하루가 시작된다. 그리고 나서 부지런히 아침상을 차린다. 어느 날은 보글보글 찌개나 국이 있는 한식 밥상이고 어느 날은 고구마나 빵, 샐러드로 차려진 간단한 아침상이다. 결혼 전에 남편이 "난 아침 밥상을 차려주는 여자랑 결혼할 겁니다."라는 말을 다행히 25년이 지난 지금도 실천하고 있다. 밥상 한 귀퉁이 작은 접시엔 오늘 섭취해야 할 영양제가 가지런히 자리 잡고 있다. 겨울엔 집에서 달인 홍삼 엑기스도 소주 컵에 새초롬하게 담겨져 기다리고 있다.

짧은 시간이지만 아침을 먹으며 하루 일을 잠깐 점검한다. 내가 가장 먼저 묻는 말은 "오늘 저녁은 집에서 먹어요?"이다. 개인 사업을 하면서 사람들을 만나는 일이 더 많아져서 그것부터 묻고 '저녁에 뭘 먹어야 하나?'를 생각한다.

오늘은 거래처 사람을 만난단다. 그럼 저녁은 대충 해결만 하면 된다. 여유가 생긴다. 집안일도 하고 책을 보기도 하고 강의 교안을 수정·보완하기도 한다.

▶ 확언 쓰기

 전 직장 상사가 늘 하던 말이 있었다. '적자생존', 적는 자만이 살아남는다는 뜻이다. 처음에 이 단어를 접했을 때는 피식 웃었다. 생태계에서나 들어 봄직한 단어인데 업무 처리 시 실수를 줄이기 위해 또는 업무 효율성을 높이는 방법으로 상사가 제안한 것이기 때문이다. 막상 해 보니 확실히 업무 처리가 꼼꼼히 이루어졌다. 그래서 요즘도 중요한 내용이라든가 정확한 날짜에 일처리를 해야 할 것들은 다이어리나 달력에 메모를 남긴다.

 그러다 문득 《100억 부자의 생각의 비밀(2019. 김도사)》이라는 책을 접하게 되었다. 돈을 많이 벌어서 노후를 여유 있게 보내고 싶은 마음은 누구나 갖고 있는 생각일 것이다. 그러나 그 생각을 생각만으로 끝내느냐, 실천에 옮기느냐에 따라 그 결과물은 확연히 달라진다고 한다. 재산 증식을 위해 다양한 방법으로 실천을 하면서 대부분의 사람들은 '분명 부자가 될 수 있을 거야!'라는 희망을 품고 시작하지만 또 어떤 사람들은 '안 되면 어떡하지?'라는 우려와 걱정으로 몸을 달아한다. 만약 같은 투자를 하면서 스트레스 받지 않는 방법이 있다면 모두 '혹' 할 것이다. 이 책에는 실천 과제 중 '긍정의 확언 쓰기'를 제시했다.

 긍정의 확언 쓰기의 핵심은 '잠재의식에 인생의 해피엔딩을 설정하라.'이다. 우리가 잘 알고 있듯이 잠재의식의 힘은 환경이나 스펙보다도 강력한 힘을 갖고 있다. 간절히 바라면 이루어질 것이라는 믿음을 가지고 내 의식을 변화시키면 삶에도 강력한 변화가 일어난다고 한다. 생각의 전환이 이루어졌다면 그것을 적어 보는 것이다. 이렇게 매일매일 긍정의 확언을 쓰다 보면 부정적인 감정은 사라지고 희망적인 생각으로 가득 찰 것이다.

확언 쓰기는 주로 아침에 하는 것이 더 효과적이라고 한다. 하루의 시작을 확언 쓰기로 시작하면 그날 내가 무엇을 해야 하는지 구체적인 계획도 다시 한번 점검할 수 있기 때문이다. 활기찬 기분으로 하루를 시작하는 것만으로도 희망적일 것이다.

그 내용은 어떤 것이든 상관이 없다. 만약 많은 부를 축적하고 싶다면 '매월 얼마 이상을 저축한다.', '매월 강의 몇 회 이상으로 수입을 올린다.' 등 구체적인 문구로 정하면 된다.

자존감을 높이기 위한 문구를 적는다면 '나는 최선을 다하고 그 분야의 최고가 된다.', '나의 긍정성은 상대방을 웃게 한다.', '나를 아는 모든 사람은 행복하다.' 그리고 자녀의 성장을 원한다면 '큰아들은 글로벌 기업에 취업한다.', '작은아들은 상담 전문가가 된다.', '다른 사람을 배려하는 사람이 된다.' 등을 적으면 된다.

어떤 사람은 100회를 적는다고 한다. 그러나 내 개인적인 생각으로는, 횟수는 그리 중요하지 않다고 생각한다. 100번을 쓰면서 '팔이 아프네.', '시간이 너무 오래 걸리네.', '다른 일을 못하겠네.', '이렇게 많이 쓰는데도 안 이루어지면 어쩌지?' 하는 부정적인 생각으로 쓰는 것보다는, 쓰는 순간 '분명 이루어질 거야.' 하는 긍정적인 생각으로 쓰는 것이 중요하기 때문이다. 내가 할 수 있는 횟수를 정하고 매일 쓰는 것이 더 중요하다고 생각한다.

내가 적는 확언은 '나와 우리 가족은 매일 성장한다.'이다. 각 구성원들의 꿈을 일일이 열거할 수가 없어 큰 틀로 확언 쓰기 문구를 정했다. 성장의 폭이 큰 날도 있고 그렇지 않은 날도 분명히 있을 것이다. 그래도 성장한다는 확신을 갖고 '또박또박' 글씨를 쓴다.
아침에 가족들에게 전달하는 메시지도 이 문구이다.
"자 오늘도 성장하는 날이 됩시다."

식탁에 있는 확언 쓰기 달력을 보며 남편이 한마디 던진다.
"우리 가족들, 매일 성장하고 있는 거지? 매일 엄마가 정성스레 염원을 담아 이 문구를 적고 있으니까 우리 더 열심히 살자."
이것이 우리 가족의 힘이다. 우리 가족은 분명 매일매일 성장하고 있다.

2. 가족 워크숍

"견학 오셨나 봐요?"

"네."

"제가 사진을 찍어 드릴까요?"

"감사합니다."

우리는 수위 아저씨의 친절함에 감사를 드리며 한껏 포즈를 취하고 있었다. 그때 검정색 세단이 '스르륵' 우리 곁을 지나쳐 간다. 수위 아저씨는 급하게 우리에게 카메라를 건네고 수위실 안에 있는 인터폰을 든다.

"지금, 대법원장님 들어가십니다."

우리는 수위 아저씨의 발 빠른 수행능력에 감탄을 하며 검정색 세단의 뒷좌석 문이 열리기를 기다린다. 운전을 하시는 기사님이 급하게 내려 문을 열어 준다. 양복을 입은 중년의 신사가 품위 있는 자태로 내리신다.

"누구시래요?"

"네. 대법원장님이십니다."

"와!"

우리 가족은 짧은 감탄의 소리를 침 삼키듯 입 안에 감춘다.

"실내 건물 출입은 안 되지만 건물 밖은 잠시 관람 가능한데 보고 가실래요? 보아 하니 아이들에게 꿈을 심어 주려고 오신 분들 같은데. 부모님이 대단하시네요."

"그래도 되나요? 감사합니다."

냉큼 인사를 건네고 정문을 지나 조심스레 들어간다. 곁에서 느끼는 분위기인데도 뭔가 엄숙함이 있는 것 같다.

큰아들에게 어떤 울림이 있었는지 묻는다.

- **엄마:** 어때 기분이? 검정색 세단이 들어올 때 대법원장님 모습을 보며 무슨 생각을 했어?
- **큰아들:** 엄마 아빠랑 여기 들어올 때는 '그냥 건물이지 뭐.' 그랬는데 대법원장님 들어오는 모습을 보니까 '멋지다, 근사하다.'라는 생각이 드네.
- **엄마:** 네가 법조인이 되려고 하니까 네 미래의 모습일지도 몰라. 저런 위치에 오르기 위해 정말 많은 노력이 필요했겠지?
- **아빠:** 다른 사람들로부터 존중받는 자리에 있다는 것은 너무나 근사한 일이지. 우리 아들의 모습이 그려지네.
- **큰아들:** 엄마, 어깨가 너무 무거워지는데.

아이들이 초등학교 6학년(13살), 초등학교 4학년(11살)이 되었을 때 어느 날의 기억이다.

그날은 우리 가족의 첫 번째 가족 워크숍 하는 날, 남편과 나는 서초동에 있는 작은 세미나실을 빌렸다. 그리고 PPT 자료를 만들어 아이들과 '꿈'에 대한 이야기를 했다. 그 당시 큰아이의 꿈은 법조인이었고 작은아이는 곤충학자였다.

그것에 대한 자료를 준비해서 아이들과 소중한 시간을 만든 것이다.

조금은 어색하기도 하고 조금은 쑥스럽기도 했지만 남편과 나는 준비한 자료의 발표를 끝내고 아이들의 생각을 물었다.

- 엄마: 막연히 꿈꾸는 것보다 이렇게 정리해서 이야기하니까 어때?
- 큰아들: 꿈이 더 뚜렷해지는 것 같아.
- 작은아들: 내가 뭘 해야 하는지 조금은 알 것 같아.
- 아빠: 실천이 중요해. 너희들이 이 꿈을 위해서 무엇을 실천해야 하는지 얘기해 보는 것도 좋을 것 같은데. 어떤 것들이 있을까?
- 큰아들: 공부도 열심히 해야 하고 상식도 많이 쌓아야 할 것 같아.
- 작은아들: 난 곤충을 자세히 살펴봐야 할 것 같은데. 책도 많이 보고.
- 아빠: 너희들이 얘기한 것도 중요한데 우선 '좋은 습관 들이기'부터 시작해 보았으면 좋겠어. 너희들이 바로 실천할 수 있는 쉬운 것부터.
- 엄마: 맞아. 습관을 하나하나 실천하다 보면 너희들이 목표로 하는 꿈이 이루어질 것 같아. 그걸 정해 볼까?

〈규진이의 습관 만들기〉

1. ~다운 행동하기(장남, 형, 6학년)
2. 모든 일에 적극적으로 참여하기(뒤로 물러서지 말고 앞에서 리드하기)
3. 어떤 문제에 부딪히면 끝까지 생각하고 해결하기
  (수학 문제 끝까지, 영어 학원 과제 끝까지)

4. 좀 더 많이 먹고 건강해지기(골고루 먹기-특히 김치)

5. 선의의 경쟁심 갖기

〈상진이의 습관 만들기〉

1. 신중하게 생각하기

2. 생각하고 또 생각해서 행동으로 옮기기

   (엉뚱한 생각이 아닌 이성적으로 판단하기)

3. 모든 일에 최선을 다하되 적극적으로 참여하기

   (뒤로 물러나지 않기-견학 시 앞에서 관찰하기)

4. 내가 할 일은 스스로 점검하기(적어 보기)

5. 체중 조절(실천 중)

이렇게 정리를 마치고 첫 번째 들른 곳이 대법원이었다. 큰아들의 꿈에 대한 확신을 심어주기 위해서였다. 두 번째 방문지는 서울대 견학이다. 버스를 타고 강의실을 가야 한다는 사실에 아이들은 놀랬고, 그중 자연과학부 건물 앞에서 우리 가족은 또 한 장의 기념사진을 남겼다.

- 엄마: 상진아, 느낌이 어때?
- 작은아들: 학교가 엄청 크네. 우리 학교의 10배는 되는 것 같아.
- 아빠: 그만큼 배워야 할 것들이 많아서겠지. 아빠는 우리 아들이 이 '人'자 문은 당당하게 걸어 들어가는 모습을 그리고 있는데 기대해도 되겠지?

- 작은아들: 그럼! 구경하러 오면 되지.
- 아빠: 역시 울 아들이다. 열심히 노력해서 공부하러 오라는 뜻이다. 관광이 아니라.
- 작은아들: 알지.
- 엄마, 큰아들: 큰소리치기는. 여기 오려면 진짜 공부 열심히 해야 돼. 지금처럼 하면 진짜 관광으로 와야 돼.
- 작은아들: 알아, 알아. 할 수 있다고.
- 아빠: 역시 초긍정 울 막둥이다. 그럼! 한다고 생각하면 할 수 있는 거야. 울 아들들 파이팅이다.

그리고 우린 맛난 음식을 먹으며 오늘을 머리와 가슴속에 깊숙이 담아 놓았다.

▶ 비전 설계 가족 워크숍

책장 정리를 하다 귀한 메모를 하나 찾았다. 2017년 마지막 밤 남편과 앉아서 '끄적끄적' 적어 본 우리의 역사이기도 하다. 아이들이 모두 군대에 있었던 시기여서 밤도 유난히 길었던 12월 31일이었던 것으로 기억된다.

2017년 우리 가족의 10대 뉴스와 2018년 꼭 하고 싶은 일을 적어 놓은 것이다.

〈2017년 우리가족의 10대 뉴스〉

1. 보라카이 여행(친정 엄마 모시고 해외여행)

2. 상진(작은아들)이 대학 입학

3. 두 집 살림(서울 & 대전)

4. 미경 책 쓰기 시작

5. 미경 본격적인 강의 시작

6. 부산 여행(남편이랑 배낭여행)

7. 상진 휴학 및 군 입대

8. 규진(큰아들)이 첫 면회

9. 이직 결정(남편)

10. 일본 여행(남편이랑)

〈2018년 꼭 하고 싶은 일, 기대되는 일〉

1. 새로운 직장으로의 안정된 정착(남편)

2. 미경 책 쓰기 완성-출판까지

3. 규진이의 건강한 전역과 복학

4. 상진이의 군 생활 적응 잘하기

5. 스타 강사로서의 멋진 출발

6. 규진이의 경제적 독립

7. 새집으로의 이사

8. 자동차 구입

9. 공방에서 작품 만들기(남편)

10. 적어도 두 달에 한 번은 부모님 찾아뵙기(특히 구정~추석 전)

정말 기가 막히게도 2018년의 계획을 다 실천으로 옮긴 것이다. 말로 하는 것보다 적어 놓으면 목표 달성 여부가 확실히 달라진다고 하더니 정말 그렇게 된 것이다. 남편과 아이들과도 공유를 하며 서로를 칭찬했다. 그래서 2019년의 마지막 밤, 가족 워크숍을 또 계획했다. 가족 단톡방에 올려 의도를 비췄더니 모두 OK 사인이 왔다.

〈공지〉
일시: 2019년 12월 31일~2020.01.01 가족 워크숍
장소: 무의도 펜션(일몰과 일출을 볼 수 있는 핫한 곳)
준비물: 2019년 10대 뉴스와 2020년 계획 및 목표
　　　　(발표 양식-PPT)
PS. 특별 선물 있음.

날씨도 좋았다. 그리 춥지도 않은 겨울날이어서 펜션에 도착해 바닷가도 거닐고 족구도 했다. 그리고 USB에 담아 온 소중한 자료를 발표하기 시작했다. 정성스럽게 담겨진 내용을 보니 뿌듯했다. 2019년 자신들이 이룬 성과를 정리하면서 뿌듯하기도 했고, 2020년 계획을 세우면서 설레기도 했다는 말을 들으니 더욱 기분이 좋았다.

제일 먼저 발표한 큰아들의 마지막 멘트에 눈물이 핑 돌았다. 가슴에 '멍울멍울' 뭔가가 올라왔다.

"우리 가족에게 바라는 것은 모두 건강했으면 좋겠고 지금처럼 이렇게 살았으면 좋겠어."

남편을 보니 남편 눈에도 뭔가가 '또르르' 흘러내릴 것 같은 분위기였다. 애쓰며 참는 모습이 보였다. 들켰다 싶었는지 눈길을 돌린다.

작은아들은 2020년이 좀 더 남다른 포부가 담겨 있었다. 전과를 해야 하기 때문에 걱정도 되고 염려되는 일도 많은데 자기 소신대로 잘하겠다는 확고한 신념이 묻어나 있었다. 그럼에도 불구하고 '가족 행사에 빠지지 않기'라는 항목이 들어 있어서 또 한 번 감사함을 느끼게 되었다.

남편과 나의 목표 발표까지 듣고 나서 큰아들이 한마디 던진다.

- 큰아들: 아빠가 맨날 우리한테 '계획 세우는 것이 중요하다, 그리고 그에 따른 실천도 반드시 필요하다.'라고 말씀하실 때는 '그래야지!' 하는 다짐만 했었는데 실천이 쉽지 않더라고. 근데 이렇게 적어 보니까 책임감을 갖고 실천해야겠다는 생각이 더 드는 거 같아. 그리고 엄마, 아빠 계획을 듣는 것도 너무 좋았어.
- 아빠: 아빠는 엄마가 이런 제의를 했을 때 너희들이 흔쾌히 OK 문자를 줘서 너무 고마웠어. 사실 너희들이 제대로 준비할 수 있을까 싶었는데 이렇게 준비를 잘해서 발표하는 걸 보니 정말 흐뭇하다.
- 엄마: 진짜 이렇게 적고 나서 실행에 옮기니까 정말 되더라니까.

- **작은아들**: 엄마, 아빠 목표 안에 우리들이 들어 있어서 '더 잘 실천해야겠다!'는 생각이 들어. 우리가 안 하면 엄마, 아빠 목표도 안 이루어지는 거잖아.
- **아빠**: 오늘 이런 워크숍을 해 보니까 너무 좋다. 매년 마지막 날은 이렇게 했으면 하는데 너희들은 어때?
- **큰아들, 작은아들**: 우리도 좋아.
- **아빠**: 너희들이 결혼하고 나서도 했으면 좋겠는데 가능할까?
- **엄마**: 여보, 그건 장담 못할 거 같은데. 며느리가 좋아해야 하는 거지.
- **아빠**: 아빠가 경비를 다 댈 거니까 꼭 가자고 해.
- **큰아들, 작은아들**: 결혼 전제 조건으로 말해야겠네.
- **엄마**: 자, 오늘 이렇게 열심히 살고 있는 우리 가족들에게 주는 특별 선물이 있습니다. 우선, 상장부터.
- **아빠**: 상장? 언제 그런 걸 준비했어?
- **엄마**: 내가 또 한 준비하잖아. 그럼 아빠부터.

    표창장, 직위 아빠, 귀하는 평소 근면 성실하게 가장으로서 업무를 수행하며 가정의 경제적 지원에 큰 공을 세웠고 화목한 가정을 이루고자 노력을 다하고 있고 우리 가정의 기둥으로서 역할을 충실히 수행하고 있기에 상장과 부상을 드립니다. 부상은 다 같이 개봉을 하도록 하겠습니다.

- **큰아들, 작은아들**: 짝짝짝!
- **아빠**: 그럼 엄마, 규진이 상진이는 내가 해야겠네.

    표창장, 직위 엄마. 귀하는 2019년 가정의 행복을 위해 노력하였고 개인의 역량 개발에 게으름이 없었고 새로운 일에 도전하는 도전 정신이 강하기에 상장과 부상을 드립니다.

표창장, 직위 큰아들 정규진. 귀하는 2019년 경제적 독립을 감행했으며 그에 대한 책임을 다하고자 애를 쓰고 자신의 미래를 위해 열심히 노력하고 있고 더욱 발전할 무한한 가능성을 갖고 있으며 형으로서 동생 돌봄이 인정되어 상장과 부상을 드립니다.

표창장, 직위 작은아들 정상진. 귀하는 2019년 전역을 함과 동시에 학교에 복학하여 학업에 충실히 매진했으며 자신의 미래를 위해 과감한 결정을 하고 집안일을 잘 도와 준 자상한 차남으로서 그 공을 인정하여 상장과 부상을 드립니다.

- 모두: 짝짝짝! 축하합니다.
- 엄마: 자, 이제 다 같이 부상 개봉!
- 아빠, 큰아들, 작은아들: 와! 이게 뭐야?
- 엄마: 골드바. 한 돈짜리지만 엄마가 열심히 벌어서 매년 할 거니까 차곡차곡 모아 놔. 이니셜을 새겨 놓았으니까 확인하시고.
- 아빠: 이것 때문이라도 매년 해야겠네. 당신 수고했어.

그 한마디에 그동안의 힘듦이 또 사르르 녹는다.

아들들이 구워주는 삼겹살을 먹으며 우리는 건배를 한다.

- 아빠: 2020년, 목표하는 일들이 모두 이뤄지길. 우리 가족 모두 파이팅!
- 엄마: 우리 가족, 모두가 빛나는 한 해가 되길!
- 큰아들: 엄마, 아빠 건강하시길!
- 작은아들: 내가 하려고 했는데, 우리 가족 지금처럼 파이팅!

오늘도 가족의 소중함과 따뜻함을 느끼는 우리들이다.

가족 워크숍은 꼭 권하고 싶은 실천 과제 중 하나이다. 이 시간은 엄마, 아빠가 일방적인 얘기를 하고 어쩔 수 없이 들어주는 척하는 것이 아니라, 아이들도 자신의 생각을 소신 있게 발표하는 시간이다. PPT 자료를 만들기 어려운 아이들이라면 그림으로 그려서 표현하면 된다. 모두의 계획을 듣는 것만으로도 강한 실천 의지를 느낄 수 있다. 그리고 서로에게 아낌없는 격려를 해 주면 된다.

3. 물어볼 거 있는데

"여보, 여보. 내가 물어볼 게 있는데 당신의 생각을 얘기해 줘 봐."
 오늘도 어디서 뭔가를 배우고 왔나 보다 싶었다. 아내는 어디에서 강의를 듣고 오거나 재미있는 얘기가 있으면 '조잘조잘' 이야기를 하는 편이다.

- 아내: 여보 《선녀와 나무꾼》 이야기 알지?
- 남편: 알지. 옛날이야기잖아.
- 아내: 맞아. 사슴을 구해 준 나무꾼이 몰래 선녀가 목욕하는 곳에 가서 선녀 옷을 훔쳐 온 그 이야기. 그런데 결국 선녀는 아이들을 안고 하늘나라로 올라가 버렸잖아.
- 남편: 맞아. 선녀가 너무했지. 어떻게 애들만 데리고 홀랑 올라가냐?
- 아내: 당신은 선녀와 나무꾼 이야기에서 진짜 사랑을 한 사람은 누구라고 생각해?
- 남편: 글쎄, 그런 생각은 한 번도 안 해 봤는데.
- 아내: 나도 애들한테 책을 수없이 읽어 줬는데도 이런 생각은 한 번도 안 해 본 거 같아. 책을 읽고 나서 어떤 생각을 정리해 본 적이 과연 있었을까 싶어. 그저 '이 책 재미있네.', '애들한테 읽어 보라고 해야겠네.' 뭐 이런 정도의 생각? 그런데 이렇게 책을 읽고 자신의 생각을 이야기하고 공유하는 토론 문화가 있더라고. 오늘 교육받고 왔는데 너무 재미있어서

다음 강의도 들어 볼라고. 아참, 선녀와 나무꾼 이야기에서 진정한 사랑꾼은 누구라고 생각해?

- 남편: 둘 다 사랑이란 걸 하고 있었을까 싶어. 나무꾼은 홀어머니를 모시는 삶이 상당히 어려웠을 거라 생각해. 그래서 선녀가 어떤 사람(?)인지도 모르고 그저 옷의 주인이기 때문에 부인으로 맞이한 걸 수도 있거든. 그리고 선녀도 어쩔 수 없는 상황이기 때문에 받아들인 거고. 더군다나 선녀가 옷을 보자마자 그 옷을 입고서 아이들을 데리고 '호로록' 올라간 걸 보면 나무꾼에 대한 사랑은 없었을 것 같아.

- 아내: 그럼 당신은 사랑이란 것이 무엇이라고 생각해? 특히 남녀 간? 부부 간의 사랑을?

- 남편: 서로를 이해하고 아끼는 마음이지. 물론 믿음, 신뢰가 바탕이 되어야 하고.

- 아내: 그렇다면 왜 나무꾼은 아이를 3명 낳을 때까지 날개옷을 보여 주지 말라 했는데도 보여 준 것일까? 선녀에 대한 믿음이 있어서 그런 건 아닐까?

- 남편: 혹시 선녀가 나무꾼에게 날개옷을 보여 달라고 '징징'거리며 귀찮게 한 건 아니었을까? 그래서 나무꾼이 그 시달림이 싫어서 보여 줬을지도 모르지. 선녀는 확실히 나무꾼을 사랑하진 않은 거 같아.

- 아내: 선녀도 어쩔 수 없는 사정이 있었던 것은 아닐까? 하늘나라에 있는 부모님이 그리웠다던가? 아님 나무꾼과 살다 보니

희망이 보이지 않아서 애들 교육을 위해 하늘나라로 갔다던 가 뭐 그런 거?
- 남편: 점점 복잡해지네. 오늘은 그만. 암튼 선녀와 나무꾼의 이야기를 가지고 이렇게 다양한 생각을 하고 질문을 던질 수 있다는 게 놀랍네.

이렇게 시작되었던 것 같다. 아내는 교육을 받고 온 날이면 다양한 주제로 이야기를 시작했다. 피치 못할 사정으로 직장을 그만둔 뒤라 그 허함을 이렇게 달래고 위로하고 있는 것 같았다. 그런데 점점 질문이 많아졌다. 회사 일에 지쳐서 집에 오면 좀 편안히 쉬고 싶은 마음이 굴뚝같았는데 아내는 질문을 하고 대답을 듣기 원했다. 점점 대답이 시큰둥해지니까 아내가 질문을 멈추었다.

그러다 거실 탁자에 책이 한두 권 올라오기 시작했다. 에세이도 있고 자기계발서도 있고 때로는 소설책도 올라오고 그랬다. 간혹 동화책이 올려져 있기도 했다. 아이들은 그런 책을 읽을 나이가 훌쩍 지났는데도 말이다. 그렇게 며칠이 지나면 아내는 툭 한마디 내뱉는다.
"이 작가, 생각이 좀 특이하네. 왜 이렇게 부정적이지?"
그럼 난 궁금해서 "누군데? 무슨 내용인데?" 하고 질문을 던진다.
"궁금하면 심심할 때 한번 봐봐. 쉽게 읽을 수 있는 책은 이거야."
확실히 미끼를 던진다. 그러면 궁금해서 그 책을 뒤적이고 있는 내 모습이 보인다. 그리곤 얘기를 이어 간다. 신기하게도.

아내는 미소를 지으며 슬쩍 한마디 건넨다.

"여보, 그게 하브루타 독서, 하브루타 토론이라는 거야."

그렇게 서서히 스펀지에 물 스며들 듯 우리 가족은 젖어 들게 만들었던 것 같다. '하브루타'라는 것에.

▶ 당신은 그게 가능해?

아내는 나와 이야기를 하다 보면 속 시원하지 않게 앙금처럼 남는 것이 두 가지가 있다고 한다.

그중 하나는 가족 이야기이다. 내가 살아온 이야기는 그리 자세하게 얘기하지 않는 성격인지라, 잘 몰라서 오해하는 부분도 있고 성장 환경이 달라서 이해 못하는 부분도 있다. 그건 뭐 어쩔 수 없음으로 간주하기도 하고 '많이 힘들었나 보네. 더 이상 말을 하면 서로 상처만 남을 것 같아.' 하는 마음으로 일부러 나와의 대화를 피하기도 한다고 한다. 언젠가는 편안하게 얘기해 줄 수 있는 시간이 찾아와 주길 바라는 생각으로 말이다.

다른 하나는 아이들 교육 문제이다. 나는 "하고자 하는 절실함이 없으면 굳이 할 필요는 없다. 아예 공부가 아닌 다른 길을 찾는 것이 더 나을 수도 있다. 남들이 한다고 무조건 따라하는 것은 아니라고 생각한다."고 목소리를 높인다. 물론 그 생각이 틀린 건 아니라는 것도 잘 안다. 아내의 주장은 "처음부터 아이가 뭘 하겠다고 매진하는 아이가 몇

이나 있겠냐? 이것저것 시켜 보고 아이가 관심이 있는 것을 시켜야 한다. 그런데 공부는 기본이 되어야 하니까 학원도 보내 봐야 한다. 기회를 일단 많이 줘 보자." 이런 취지로 열변을 토한다. 이 문제는 계란이 먼저냐 닭이 먼저냐를 논하는 것처럼 끝이 없다. "우리나라 교육은 엄마들의 치맛바람만 없어지면 다 해결될 것 같다."로 정리가 되고, 아내는 "경제적 받침이 제대로 되면 뭐 이런 고민할 필요가 있겠냐?"로 마무리 쐐기를 박는다. 그러면 며칠 동안은 '소 닭 보듯' 하는 광경이 펼쳐진다. 그러다 아이들이 상장이라도 받아 오면 치킨 파티를 하며 슬쩍 풀린다.

아내는 나보다 훨씬 감정 조절을 잘하는 편이지만 요즘 들어서는 감정 조절을 더욱 능수능란하게 잘하는 것 같다는 생각이 들었다.
"여보, 요즘 당신을 보면 마치 도인 같아. 감정 컨트롤을 어떻게 그렇게 잘해?"
"그게 다 '하브루타' 덕분이지. 나 스스로에게 질문을 하다 보면 감정을 가라앉힐 수 있는 시간이 주어지고, 상대방에 대한 질문을 하다 보면 그 사람을 이해할 수 있더라고. 몸에 사리가 싸이는 기분으로다 정신 수양을 한다고 할 수 있지."
"당신 진짜 대단하다. 나도 좀 배워야 하는데 잘 안 돼."
"당신도 예전보다는 좀 나아졌어. 당신 스스로 《욱하는 성질 죽이기 (2014. 로널드 T. 포터-에프론)》라는 책을 보고 있는 걸 보면 말이야."
사실 이 책도 어느 순간 거실 탁자에 올라와 있던 책이다. 아내는 "이 책 읽고 좀 느껴 봐."라는 말 대신 그저 '쓰윽' 탁자에 책을 올려놓은 것이다.

이런 현명함으로 우리 가족은 더 단단해지는 것 같다. 지금도 '하브루타'라는 단어가 익숙하지는 않지만 아내와 그리고 아이들과 대화하는 방식이 확실히 달라진 것은 느낄 수 있다. 앞으로 우리 가족과의 대화는 더 편안해질 것 같다.

"여보, 나 물어볼 거 있는데?"라는 아내의 목소리에 잠깐 망설일 때도 있지만 앞으로는 즐거운 마음으로 "응, 뭔데?"하고 적극적인 대답을 들려줄 것이다.

4. 내 성장의 동반자

- **작은아들**: 엄마, 오늘 하루 종일 너무 힘든 거 아냐? 벌써 영화를 몇 편째 보는 거야?
- **엄마**: 네 편째인 거 같은데. 그래도 영화 보면서 이렇게 질문을 만들어 보니까 재미있다.
- **작은아들**: 예전에는 책 보고 나서 공책에 정리하는 것 같았는데 영화를 보고도 그렇게 하는 거야?
- **엄마**: 그럼. 한국식 '하브루타'는 소재가 굉장히 다양해. 유대인들은 주로 《탈무드》를 가지고 '하브루타'를 하지만 우리나라는 전래 동화, 창작 동화, 이솝이야기, 탈무드, 역사 이야기 등등의 책을 읽고 나서 '하브루타'를 할 수도 있고 영화를 보고 나서 또는 시사 문제를 가지고도 '하브루타'를 할 수 있어. 명화를 보고도 '하브루타'를 할 수 있지. '하브루타'는 다양한 관점에서 생각하고 다른 사람의 생각을 공유함으로서 서로의 의견에 대한 경청도 할 수 있고, 그 사람을 이해하는 데 도움이 많이 되지. 상식도 풍부해지고 모르는 지식과 지혜를 얻기도 하고, 깨우침을 얻기도 하고, 자기반성의 시간을 갖게 만들어 주기도 하고. 무엇보다도 감정 조절을 할 수 있는 능력이 생겨서 마음 쓰림이 덜해지기도 하지.
- **작은아들**: 엄마, 그쯤 되면 '하브루타'는 '만병통치약'이라고 말할 수 있겠는데.

- 엄마: 그럴지도 모르지. 엄마도 이런 활동을 하면서 엄마를 더 많이 이해하고 사랑하는 계기가 되더라. 그리고 다른 사람을 용서하는 법도 배우고.
- 작은아들: 다른 사람을 용서해? 어떻게?
- 엄마: 그 당시에는 도저히 이해하지도 받아들이지도 못하는 상황이었는데, 시간이 지나고 나서 그 상황을 다시 생각해 보니까 그 누구의 잘못이 아닌 경우도 있더라고. 내가 더 잘못한 경우도 있고.
- 작은아들: 그럼 바로 사과도 해?
- 엄마: 바로 사과하는 게 그리 쉽지는 않더라. 근데 그 사람을 미워했던 마음은 좀 누그러지더라고. 언젠가는 용서할 수 있는 시간이 올지도 모르지. 그러려면 더 많은 수양을 해야 할 것 같아.
- 작은아들: 우리 엄마 그러다 도인 되겠어. 그래도 엄마 살살해. 좀 움직이기도 하고. 한자리에 계속 그러고 있으면 엄마 어깨 또 아파.
- 엄마: 고마워. 진짜 물 한 잔 마시고 해야겠다.

오늘도 엄마를 걱정하는 작은아들 덕에 일어나 기지개 한 번 크게 켜고 시원한 물 한 잔을 마신다.

▶ 오늘도 기록을 남기는 나

'하브루타'를 접하고 나서부터 강의를 듣거나 동기들과 또는 다른 수강생들과 '하브루타' 한 것들을 모두 기록으로 남긴다. 그리고 좋은 강의 소재가 있으면 어떤 강의에 활용할 것인지 스토리 라인을 적어 보기도 한다. 동영상 강의를 듣고 정리해서 PPT 자료를 만들어 놓는다. 수강생들이 '하브루타'를 한 내용 중에 기발한 생각들은 냉큼 메모지에 적어 와서 공책에 붙여 놓는다.

책을 읽고 영화를 보고 그림을 보고 떠오르는 질문을 적어 본다. 시사 프로그램을 보다가도 놓치지 말아야 할 것들을 빠짐없이 기록으로 남긴다.

그렇게 한 장 한 장 채워 나간 공책이 4권이 된다. 그 공책을 들춰 보면 나의 성장이 보인다. 나의 과거와 현재와 미래가 그려진다. 어설픈 질문에 미소를 지어보기도 하고 또 어떤 질문에는 스스로 감탄을 한다. 나와 같은 입장에 있는 학부모에게는 '자녀교육서'가 될 것이고 강의를 준비하는 예비 강사들에게는 '하브루타 실천서'가 될 것이고 나에게는 분명 '자기계발서'이다. 나중에 시간이 훌쩍 지나고 나서 이 공책을 책으로 만들어 보면 그건 분명 '김미경 자서전'이 될 것이다.

공책 이름은 '10공 100행, 하브루타로 크는 아이들'로 시작해서 '10공 100행, 하브루타로 크는 나'로 변했다. '10공 100행'의 의미는 '하브루타로 10년을 공들이면 100년이 행복해진다.'는 말이다. '하브루타'를 처음 접하게 해 주신 김금선 소장님이 늘 외치던 문구이다. 처음에 이 문구를 들었을 때는 '10년을 공들이면 안 되는 일이 뭐가 있겠어?'라는 생각이 들기도 했다. 또 한편으로는 '난 이미 그렇게 하고 있었다고요.'라는 자신감을 드러내 보이고 싶기도 했다. 그런데 시간이 지나면 지날수록 고개를 숙여야만 했다. 몰라서라면 그 부끄러움이 덜하겠지만 잘 알면서도 제대로 실천하지 못한 나를 보게 되니 정말 창피하기도 했다. 그래서 다시 시작한다는 각오로 공책에 기록을 남기게 된 것이다. 더 나은 내가 되기 위해서이다. 더 나은 우리가 되기 위해서.

'나에게 하브루타는 어떤 의미일까?'
스스로에게 질문을 던져 본다.
'하브루타는 사랑이다.'라는 말로 정의하고 싶다. '하브루타'를 하려면 관심 있게 살펴봐야 하고, 그 관심을 질문을 통해 전달하고 서로의 생각을 공유하는 시간을 갖게 되면 이해의 폭이 넓어지기 때문에 관계가 더욱 돈독해진다. 무조건 회피하지 않고 내 생각을 조리 있게 얘기할 수 있는 용기도 샘솟게 한다. 그 용기가 서로를 힘들게 하는 것이 아니라 감정을 '말랑말랑'하게 만들어 준다. 그 '말랑말랑함'이 사랑이 아닐까 싶다.

'하브루타는 주관적 판단이 아닌 객관적 판단'을 할 수 있는 지혜를 갖게 해 준다. '무조건 내 말이 맞고 당신 말은 틀린 것'이 아니라 '다른 것'이라는 걸 받아들이는 순간, 오해는 사라지고 신뢰가 쌓이게 된다. 자기 성찰을 통해 터득되는 배움의 가치는 이루 말할 수 없다.

'하브루타'는 '나를 사랑하는 방법'을 알려 준다. 그리고 '자존감 있는 사람'으로 만들어 준다. 자존감이란 어떤 상황에서도 스스로를 믿고 주어진 상황을 슬기롭게 극복해 나갈 수 있는 힘이라고 한다. 자존감이란 언제나 한결같이 자신을 존중하는 힘이라고 한다. 자존감이란 자신에 대한 긍정적인 이미지라고 한다. 자존감이란 사랑받을 만한 사람, 능력 있는 사람으로 여기는 마음이라고 한다. 그런 자존감을 높일 수 있는 방법이 바로 '하브루타'인 것이다.

'하브루타의 성장은 지속력에 의해 좌우'된다. 어떤 교육을 받고 집에 돌아오면 가장 먼저 아이들에게 적용해 본다. 아이들은 '우리 엄마가 또 어디서 뭘 듣고 오셨구나.'라고 생각한다고 한다. 누군가를 변화시킬 수 있는 것이 '하브루타'라고 하지만, 내가 먼저 변화하면 다른 사람들은 자연스럽게 그 변화의 열차에 탑승하게 된다. 몇 번 해 보고 나서 자신이 생각한 것만큼의 변화를 안 보이면 금방 시들해지는 경우가 있다. 이땐 아이가 '엄마'라는 말을 꺼내기까지 얼마나 많은 시간과 노력이 필요했던가를 기억하면 된다.

적어도 6개월 이상 게으름 피우지 말고 실천해야 한다. 6개월이 지나고 나면 자동 충전이 되고 자동 업데이트가 된다. 2년, 3년 약정 기간이 지나면 최신 폰으로 바꾼다고들 하지만 '하브루타'는 골동품이 되어야만 그 진가를 발휘한다. 적어도 10년은 지나야 사람들의 시선을 받게 된다. '하브루타의 힘은 지속성에 있음'을 꼭 기억하길 바란다.

오늘도 '하브루타'로 행복한 나, 아이들, 어른들, 가족이 되기를 바란다.

5. 툭 던지는 하브루타

저녁 준비를 하고 있는 엄마에게 다가가 질문을 던진다.

- 큰아들: 엄마, 빨대 구멍은 몇 개야?
- 엄마: 2개.
- 큰아들: 그럼 도넛 구멍은 몇 개인데?
- 엄마: 1개
- 큰아들: 그 이유가 뭐야?
- 엄마: 빨대는 액체에 담겨져 있는 부분이 입구이고 입으로 들어가는 부분이 출구잖아. 그래서 구멍이 2개이고, 도넛은 그 구분이 없으니까 구멍이 1개지.
- 큰아들: 그럼 도넛을 몇 개 쌓아 놓았을 때 구멍은 몇 개일까?
- 엄마: 그래도 1개이지 않을까?
- 큰아들: 빨대를 측면으로 얇게 자르면 도넛 같은 모양이 되잖아. 이럴 때 구멍이 몇 개야?
- 엄마: 응? 1개?
- 큰아들: 그 얇게 자른 면을 계속 이어 붙인 것이 빨대라고 생각하면 구멍이 1개라고 말해야 하는 거 아냐?
- 엄마: 어머 그러네. 답은 뭔데?(아직도 멀었다. '다른 사람들은 어떻게 생각하는데?'라고 물었어야 했다.)

- 큰아들: 인터넷에서도 의견이 분분해. 1개라고 하는 사람도 있고 2개라고 하는 사람도 있고. 구멍의 전후만 바뀐 것이기 때문에 1개라고 주장하는 사람이 있고 역할이 다르기 때문에 구멍이 2개라고 말하는 사람도 있고. 그러면서 사람의 몸을 비유하더라고. 입에서 항문까지도 하나로 연결되어 있는데 이때는 구멍이 몇 개라고 하냐? 2개라고 말하지 않냐? 그래서 빨대 구멍은 2개라고 주장하더라고.
- 엄마: 정말 신박한 내용이네.
- 큰아들: 아이들이랑 토론할 때 이 주제로 해 보는 것도 재미있을 것 같아. 신나서 할걸?
- 엄마: 그래 재미있겠다. 오, 울 아들 훌륭해. 그런 재밌는 소재거리가 있으면 또 알려 줘.
- 큰아들: 오케이.

큰아들이 재미있는 토론 주제를 던져 주었다고 엄마는 또 메모를 남긴다.

▶ 하브루타? 우리가 하는 것이 하브루타였네

- 엄마: 아들아, 넌 '하브루타'에 대해 어떻게 생각해?
- 큰아들: '하브루타'가 뭐야?

- 엄마: 어떤 글을 읽거나 상황을 보고 서로 질문을 만들어 대화하고 더 나아가 토론하고 논쟁하는 거. 대부분 논쟁까지는 가지 않고 토론하는 것까지 많이 하지. 유대인들의 학습법, 독서법이라고도 할 수 있어.
- 큰아들: 아, 우리들이 하는 거네. 평상시에도 엄마가 질문을 많이 하잖아. 그리고 얘기하고.
- 엄마: 맞아. 우리가 하는 거 그거야. 그렇게 질문하고 대화하니까 뭐가 달라지는 거 같아?
- 큰아들: 늘 하던 거라 뭐 특별하다고 생각해 보지는 않았는데. 좀 변화가 있다면 엄마의 질문이 예리해졌다는 것.
- 엄마: 오 그래? 근데 엄마가 예전보다 너희들한테 화를 좀 덜 내는 거 같지는 않아?
- 큰아들: 엄마는 그렇게 화내는 편 아닌데.
- 엄마: 엄마가 머릿속에 어떻게 질문을 할까 고민하다 보면 화가 좀 사그라들긴 하더라. 너희들도 맘 상하지 않고 엄마도 덜 상처받을 수 있도록 나름 고민해서 얘기하는 거야. 엄마도 내공을 쌓고 있는 중이지.
- 큰아들: 지금처럼만 하시면 됩니다요. 너무 집요하게 관심을 갖고 질문하면 엄마랑 멀어질 것 같아. 적절한 거리를 두시면 될 듯해요.
- 엄마: 돈이 필요할 때는 가깝게? 맞지?

- **큰아들:** 그렇게 콕 집어 얘기하면 내가 할 말이 없지. 다른 친구들이랑 얘기를 들어 보면 우리 집처럼 이런 분위기가 아니더라고.
- **엄마:** 어떤 거?
- **큰아들:** 자식들이랑 술 한잔하면서 얘기하는 거, 같이 여행 다니는 거, 영화 보는 거 뭐 이런 거. 그 친구들은 생일날이나 명절 행사라고 하던데? 그리고 무슨 얘기를 하냐고 묻는 애들도 있어.
- **엄마:** 그래? 다 그러지 않나? 사실 엄마는 너희들이 친구들과의 약속을 잡기 전에 엄마한테 먼저 전화해서 가족 일정이 있냐고 물어볼 때 너무 고맙더라. 다른 사람들한테 이런 말을 하면 너희들이 착한 애들이라 그렇다고 그래. 자기 애들은 주말에 얼굴 보기도 힘들다고.
- **큰아들:** 난 뭐 우리가 늘 그래서인지 이런 모습이 당연하게 생각되던데. 엄마, 아빠랑 술 한잔하면서 이런저런 얘기 나누는 게 좋아. 가끔 불편한 관계가 되는 주제도 있지만.
- **엄마:** 어떤 주제? 너희들 진로 얘기?
- **큰아들:** 예전에는 아빠가 우리에게 갖는 기대치가 너무 커서 마찰이 생기는 것 같다는 생각을 많이 했었는데 지나고 나서 보면 아빠 말이 다 맞더라고. 아빠를 존경하는 마음이 큰데 그걸 못 따라가는 것 같아 늘 죄송하지.
- **엄마:** 아빠 마음도 잘 헤아려 드려. 그래도 요즘 너희들이 달라지는 모습을 보고 아빠도 진짜 기분 좋아하셔. 잘할 거라고 믿고 계시던데.

- 큰아들: 더 열심히 해야지.
- 엄마: 그래. 근데 엄마, 아빠는 너희들과 함께 보내는 시간이 너무 좋더라. 나중에 결혼하면 어떻게 될지 모르겠지만 그 전까지는 엄마, 아빠랑 좀 놀아 줘.
- 큰아들: 엄마, 걱정 마. 내가 결혼하기 전에 단단히 못 박을게. 아침도 꼭 차려 달라고 하고.
- 엄마: 그러다 혼자 사는 수가 있어.
- 큰아들: 설마.

엄마와 이야기를 나누다 보면 놓치고 지나갈 수 있는 감정들을 다시 추슬러 담을 수 있다. 그리고 다른 사람의 마음을 이해할 수 있는 소중한 기회도 얻게 된다. 늘 그렇듯이 '가족'의 소중함을 더 느낄 수 있는 우리 가족의 대화와 함께하는 시간이 너무 좋다. 사회생활을 하면서 내 마음 같지 않은 다른 사람들로 인해 상처를 받기도 하는데, 나에게 질문을 던져 보면서 그 상황을 다시 생각해 보는 시간을 갖게 되면 현명한 대처 능력이 생기기도 한다.

늘 좋은 에너지를 주는 엄마에게, 그리고 항상 최선을 다하시는 존경하는 아빠에게, 그리고 내 생각을 잘 들어 주는 동생에게도 감사하다는 말을 전하고 싶다.

"부모님, 감사합니다. 그리고 상진아 고맙다. 우리 가족 지금처럼 이렇게 살아요."

6. 은근슬쩍 살며시

- 작은아들: 엄마, 저런 집 어때?
- 엄마: 엄마가 꿈꾸는 집이지. 아빠도 좋아하실걸? 텃밭도 있고 마당도 있으니까 개도 키울 수 있겠네. 우리의 로망인 집이네.
- 작은아들: 저기 옆집은 나랑 형이랑 살아도 되겠다.
- 엄마: (손을 내민다) 좀 보태 줘. 지금이라도 계약해야겠다.
- 작은아들: 지금? 당장? 그건 좀 무리지.

일요일 저녁이면 엄마와 함께 보는 TV 프로그램이 하나 있다. 아주 늦은 밤에 방송하기 때문에 항상 12시를 넘기지만 어느 날은 전문가처럼 장·단점을 지적하느라 바쁘고 어느 날은 당장이라도 계약할 듯이 흥분을 한다. 의뢰인의 니즈에 따라 집을 구해주는 〈구해줘 홈즈〉라는 프로다.

이번 주는 10가족이 살 집을 구하는 미션이다. 아버지, 엄마, 딸네 가족, 아들네 가족이 모두 함께 살아야 하기 때문에 방도 5개 이상, 화장실도 3개 이상, 부엌도 10식구가 밥을 먹어야 하는 공간이 있어야 한다는 것이 의뢰인의 요구 사항이다. 열심히 발품을 팔면서 조건에 맞는 집을 구하는 걸 보면 '우리 가족도 의뢰해 볼까?'를 고민하곤 한다. 그중에 우리가 쏙 맘에 들어 하는 집이 나온 것이다.

- **엄마:** 근데 너는 왜 엄마랑 같이 살려고 해? 네 마누라님이 싫어할 텐데?
- **작은아들:** 난 우리 식구가 다 같이 사는 것도 괜찮을 것 같아. 나중에 내가 아이를 나면 엄마가 좀 돌봐 주기도 하고.
- **엄마:** 그런 속셈이 있었구먼.
- **작은아들:** 나도 어릴 적에 외할아버지 집에 갔을 때가 너무 좋았거든. 경운기 타고 동네 한 바퀴 돌 때 얼마나 좋았는데. 저녁나절에는 외할아버지랑 엄마가 나온 초등학교에 가서 공도 차고, 외할머니가 해 주신 닭백숙도 먹고, 외할아버지랑 같이 옥상에 올라가면 재미있는 얘기도 해 주시고. 별도 무지하게 많이 보였거든. 난 그때가 가끔 생각나더라고. 엄마, 아빠도 외곽에서 사신다고 했으니까 그런 여유로움을 아이들이 느껴 봤으면 좋겠다는 생각이 들어.
- **엄마:** 그랬구나. 하긴 너희들이 온다고 하면 외할아버지, 외할머니가 너무 좋아하셨지. 시골 장날에 나가셔서 너희들이 먹을 반찬거리를 사들고 오실 때 그렇게 기분이 좋다고 하셨었어. 야쿠르트 한 봉지 들고 집에 돌아오면서도 좋아하시고. 몇 번을 왔다 갔다 하면서 이것저것을 준비하셨다고 하더라. 엄마가 일하느라 방학 동안 너희들이 외갓집에서 있어야 했는데 크게 걱정하지는 않았었거든. 너무 잘 논다고 하니까. 넌 외할머니 집에 다녀올 때마다 체중이 늘었었잖아. 외할아버지가 살아 계시다면 우리 막둥이 정말 든든해하셨을 텐데.

- **작은아들:** 맞아. 외할아버지가 진짜 잘 놀아 주셨었어. 언젠가 우리 집에 오셨을 때 새벽에 일어났는데 외할아버지가 책꽂이 정리를 하고 계시는 거야. 그래서 내가 뭐하시냐고 여쭤봤더니 책을 순서대로 꽂아 놓으면 보기도 편하고 찾기도 편하다고 그러시더라고. 그 모습이 아직도 기억나. 내 기억 속에 외할아버지, 외할머니는 그냥 따뜻함이 있었어. 나중에 엄마, 아빠가 그런 역할을 해 주셨으면 좋겠어.
- **엄마:** 엄마도 바라는 바입니다요. 엄마, 아빠가 더 열심히 살아야겠네. 마당이 있는 넓은 집을 장만해야 하니까.
- **작은아들:** 나도 보탤게.
- **엄마:** 그럼 돈을 얼마나 보태느냐에 따라 방의 크기를 정해야겠군. 형한테도 미리 말해 줘야겠는데? 진짜 그렇게 살았으면 좋겠다.
- **작은아들:** 염려 마셔.
- **아빠:** 이제 좀 잡시다. 그런 집 장만하려면 일찍 자고 일찍 일어나야 내일 힘차게 일하지.
- **엄마:** 그려요.
- **엄마, 아빠:** 막둥아 잘 자.
- **작은아들:** 안녕히 주무세요.

오늘 밤 우리는 작은 텃밭과 아이들이 맘껏 뛰어놀 수 있고, 가끔은 바비큐 파티를 즐길 수 있는 넓은 마당이 있는 단독주택을 꿈꾸며 잠이 든다.

▶ 우리 가족의 하브루타 시작은

하브루타에 대하여 아무것도 몰랐을 때, 엄마가 하브루타 강사가 된다고 하였다. 그 당시 나는 '단순한 교육법이겠지.'라고 생각을 하며 큰 관심을 가지고 있지는 않았다. 어떤 교육법인지 찾아보려고 하지도 않았다. 심지어 어렸을 적부터 해야 효과가 있지 나중에 가서 해 봤자 효과가 없다고 부정적인 생각을 했었다. 하지만 이런 나의 생각은 틀렸다는 것을 금방 알게 되었다.

하브루타는 우리 가족에게 긍정적인 변화를 일으켰다. 그 예시로 내가 고등학생이었을 때, 우리 가족은 거실에 있는 텔레비전을 보지 않기로 약속을 했었다. 처음에는 단순히 공부에 집중하게 하려고 그런 약속을 했다고 생각했다. 그리고 너무 한다는 불만이 마음속에 생겼었다. 지금은 그렇지 않지만 그 당시 우리 가족은 대화도 지금처럼 많지 않았고 각자 열심히 살기에 바빠서 서로를 자세히 이해하지 못하고 있었던 것 같다. '이제 식사할 때 무슨 말을 해야 하는 거지?'라는 생각에 답답하기도 했다. 밥을 먹으면서 가족끼리 대화하는 법을 잘 몰랐을 때는 일부러 어색한 질문도 하고 때론 밥 먹는 일에만 집중을 하기도 했지만 시간이 점차 지날수록 대화가 점점 늘어나게 되었다.

지금 생각해 보면 우리 가족은 '하브루타' 교육을 하고 있었던 것이다. 엄마와 아빠가 먼저 형과 나에게 질문을 하시면서 대화가 시작되었다. 형과 나도 엄마, 아빠에게 질문을 하기 위해 부모님이 어떻게 살아

왔는지, 관심이 있어 하는 것이 어떤 건지 먼저 생각하며 더 깊게 이해할 수가 있었다. 지금 생각해 보면 텔레비전이 없어진 게 더 좋았다. 질문을 통해서 서로를 이해할 수 있었고, 부모와 자식 사이의 벽이 허물어진 듯했다. 텔레비전은 다시 연결되었고 그러고도 오랜 시간이 지났지만, 우리는 자주 대화를 하고 있고 가족 사이도 더 좋아졌다.

'하브루타'가 단순히 서로 질문을 통해 여러 가지 생각을 이야기하는 교육법으로 알고 있지만 억지로 질문을 짜내어서 하는 것과 자연스럽게 나오는 질문의 질은 정말 다르다는 것을 알 수가 있다. 처음 시작할 때에는 서로 어떤 말을 해야 할지 몰라 쉽게 말을 꺼내는 것이 어려워도 계속하여 시도해 보면 구성원과의 사이도 좋아지고 자연스럽게 관심도 증가하여 그 분야에 몰입을 가능하게 한다고 생각한다.

엄마가 "상진아 이 책 한 번 읽어 봐봐. 너무 괜찮은 거 같더라. 그리고 나서 엄마랑 얘기 좀 하자. 엄마 강의 소스를 좀 만들어 줘." 하실 때가 있다. 가끔은 '또?' 라는 생각이 들 때도 있지만 엄마의 생각을 듣고 나면 '아, 그럴 수도 있구나.'라는 생각에 고개를 끄덕이게 된다.

내가 전공하려고 하는 분야가 '심리 상담'이다. 다른 사람의 아픔을 잘 들어 줘야 하는 직업의 특성상 경청 능력은 굉장히 중요한 역량이다. 엄마의 생각을 들어 보면서 그리고 또 내 생각을 얘기하면서 이 능력은 저절로 길러지는 것 같다. 엄마가 '10년을 공들여야 100년이 행복하다.'는 말을 늘 하신다. 조금만 더 실천하면 앞으로 100년 동안의 행복은 보장되는 셈이다. 실천의 힘을 믿는다.

7. 더도 덜도 말고 지금처럼만

한가위엔 '더도 말고 덜도 말고 한가위만 같아라.'란 말을 많이 한다. 가난하던 시절을 살아온 조상들이 한가위 명절 때 차례를 지내려고 음식을 푸짐하게 장만하고 그것을 배부르게 먹으니 더할 나위 없이 행복하다는 뜻이다. 얼마나 행복했으면 이런 말이 생겼을까 싶다.

다산의 둘째 아들인 정학유가 농사를 지으며 살았는데 그가 남긴 일기장에 기록된 것 중 한가위 모습을 그려 낸 것이 있어 살짝 빌려 와 보았다.

'신도주 올여송편 박나물 토란국을
선산에 제불하고 이웃끼리 나눠 먹세
며느리 말미 받아 친정집에 다녀 갈제
개잡아 삶아 얹고 떡고리며 술병이라
초록장옷 반물치마 차려입고 다시 보니
여름동안 지친 얼굴 회복이 되얏느냐.'

신도주는 햅쌀 술, 올여송편이란 올해 난 햅쌀로 만든 송편을 의미한다. 박나물, 토란국 같은 추석 음식을 만들어 먹으면 여름 노동으로 심신이 피로해진 농민들이 충분한 영양 보충도 할 수 있다. 추석은 이런 풍요로움이 있다. 또한 시댁의 허락을 받아 친정집에 가는 며느리의 얼굴에도 화색이 돈다는 의미가 담겨 있다.

물론 상황에 따라 처해진 위치에 따라 달리 받아들이는 경우도 있다. 그래도 대부분의 사람들은 가족들과 보내는 시간에 행복의 의미를 두고 있다고 생각하려 한다. 내가 느끼는 명절도 이런 의미이다. 시댁이 큰집이 아니어서 난 큰며느리이긴 하지만 그리 일이 많은 편은 아니다. 동그랑땡도 돼지고기 한 근, 동태전도 동태 두 마리 정도 포를 떠서 부치면 되고, 꼬치도 햄·맛살·단무지는 한 봉지씩만 있으면 된다. 가끔 고추전과 깻잎전, 녹두전을 부치면 된다. 난 재료를 준비하고 남편과 아이들, 그리고 도련님이 앉아서 두런두런 얘기를 하며 노랗게 구워진 부침개들을 뒤집고 채반에 가지런히 담는다. 익숙한 일이라 역할이 분명히 나눠져 있어서인지 금세 마무리된다. 기름 냄새 나는 부침개와 빠질 수 없는 것이 막걸리, 점심상은 이것으로 대신한다. 시간밥을 드셔야 하는 시아버님도 이 날은 이 밥상을 허용해 주신다. 막걸리 한두 잔 기울이며 뜨끈한 전을 '야금야금' 먹다 보면 채반에 남겨진 부침개는 다 어디로 갔나 싶기도 하다.

- 시어머님: 얘, 너 힘든데 다음부터는 조금 사다가 먹자. 어차피 제사 지내러 큰집에 가야 하니까 이렇게 많이 안 해도 될 거 같아.
- 며느리: 어머님, 그래도 명절은 기름 냄새 좀 나야죠. 이따가 형님이랑 아가씨네 오니까 그때 먹으면 돼요. 우리 애들도 좋아하고 도련님네 애들도 잘 먹잖아요.
- 시어머님: 너도 참 고생을 사서 한다.

가끔은 음주량의 증가로 중간에 '그만!'을 외쳐야 하는 순간도 오지만, 그래도 난 이런 우리가 그냥 좋다.

▶ 당신, 나이가 들수록 더 예뻐지는 이유가 뭐야?

오늘도 창가에 자리 잡고 있는 다육들에게 마음을 전하고 있다. 그동안 바쁘다는 이유로 마음을 쏟지 못했더니 몇 개의 화분에 생기가 덜하고 있다. 잎사귀들은 '시름시름' 앓는 신호를 보내고 몇몇은 기운이 '쭉' 빠져 있다. 스프레이로 생기를 더해 줘야 하는 친구들도 있고, 흠뻑 물에 담가 줘야 하는 친구들도 있다. 안쓰러운 마음에 하나둘 마음을 전한다. 미안함을 전하기도 하고, 그래도 잘 견디고 있는 그들의 대견함을 칭찬하기도 한다. 이런 애달픈 마음을 눈치채고 그들은 아마도 내일 아침이면 통통히 물오른 잎사귀들로 날 반겨 줄 것이다. 직장을 퇴직하고 나서 4년째 자리를 지켜 주는 친구도 있고, 짧은 기간 인연을 맺고 가 버린 친구도 있고, 새롭게 우리 집을 찾아온 친구들도 있다. 예쁜 꽃망울을 터트려 아름다움을 뽐내 주던 친구도 있고, 자기의 존재감을 뽐내려 보송보송 가시를 드러내 주는 친구들도 있다. 다른 사람들은 언제 크냐며, 크는 게 보이냐며 묻기도 하지만 자세히 보고 있으면 그들은 매일 조금씩 성장하고 있다는 것을 알 수 있다.

- 남편: 아니, 매일 봐도 똑같은 애들인데 뭘 그렇게 그윽한 눈으로 바라봐?
- 아내: 여보, 애들 크는 거 안 보여? 이쪽에 있는 애는 뾰족하게 싹이 나고 있잖아.
- 남편: 어디 어디? 잘 안 보이는데?
- 아내: 여기, 이렇게.
- 남편: 원래 그렇게 생겼던 거 아냐?
- 아내: 아니지. 엊그제만 해도 안 그랬어. 이 옆에 있는 애는 꽃망울이 생겼네.
- 남편: 맨날 그 모양 같은데 당신은 신기하게도 잘 찾네.
- 아내: 자세히 보면 보여. 그리고 관심 가져주는 만큼 자라는 것 같아.
- 남편: 당신, 그렇게 다육이 바라보는 모습이 예쁘네. 편안해 보여.
- 아내: 그동안 마음 수양을 잘해서 그렇지. 이 안에 사리가 쌓여 가고 있다고.
- 남편: 사리? 당신은 나 만나서 인상이 더 좋아진 거야. 어디 가면 당신 인상 좋다는 말 많이 듣지? 그럴 때 뭐라고 해?
- 아내: "감사합니다." 그러지 뭐.
- 남편: 그래? 그래도 나랑 같이 있을 때 누가 그렇게 물어보면 "남편 잘 만나서 그래요."라고 해 주면 좋겠다.
- 아내: 오구, 오구. 그런 말이 듣고 싶었어요? 뭐 그렇다고 해 줄게.
- 남편: 진심은 아니고?
- 아내: 쪼끔? 사실 당신 덕분에 나 사람 됐지 뭐. 그치?

- 남편: 그렇게까지는. 당신은 원래 예뻤어. 근데 나이 들수록 더 예뻐진다는 거지. 마음의 여유도 있어지고. 우리 그냥 이렇게 늙어 가면 좋겠다.
- 아내: 그래야지요. 정말 지금처럼만.

해가 거듭될수록 '닮아 간다'는 말이 맞는가 보다. 남편의 표정을 보면 읽혀지는 것들이 많아졌다. TV에 나오는 연예인을 보며 이름이 잘 생각나지 않을 때도 심지어 닮은 사람을 보며 누구를 생각하고 얘기하고 있는지도, 이상한 음으로 노래를 불러 줄 때나 음과 가사가 다를 때도 남편이 누굴 얘기하는지, 어떤 노래를 부르려고 하는지를 단번에 맞추는 재주가 생겼다. 아들들은 스피드 게임에 나가면 최강자가 될 거라고 한다. 이런 해프닝으로 우리는 또 박장대소를 즐긴다.

불행의 시작은 '비교'에서 온다고 한다. 다른 사람에 비해 가지고 있는 것이 많거나 적음에 따라 행복과 불행 사이를 왔다 갔다 한다고들 말한다. 하지만 이제부터 비교는 어제의 '나'하고만 하도록 하자. 오늘의 나는 어제의 나보다 얼마나 성장했는지, 오늘의 나는 어제의 나보다 얼마나 많은 여유를 갖게 되었는지, 오늘의 나는 어제의 나보다 얼마나 많은 배려의 마음을 갖추었는지 그렇게 말이다.

'소확행'이라는 말을 잘 알고 있을 것이다. '소소하지만 확실한 행복' 아이들의 웃음소리를 들으며 가족들과 맛난 음식을 먹으며 공기 좋은 곳으로의 여행을 하면서 행복을 느껴 보자. 따뜻한 커피 한잔에 책 한

권 읽을 수 있는 시간과 공간을 찾아 행복을 담아 보자. 막연한 생각으로 행복과 불행을 논하지 말고 작은 실천으로 스스로 행복을 찾아가는 멋진 그대가 되길 바란다. '하브루타'가 그 행복을 가져다준다는 것을 믿는다.

마치는 글 - 기대되는 노후

『딸이 남자 친구를 만나러 간다고 야단법석이다. 오늘은 내가 좀 따라 나서려 한다. 할 일이 있기 때문이다. 딸은 "누가 남자 친구 만나는 데 따라가냐."며 나의 동행을 못마땅해한다. 그래도 오늘은 강하게 우겨서 따라 나선다. 당황하는 딸 남자 친구를 이끌고 철학관 문을 연다. "애들 사주 좀 봐 주세요." 조심스레 건네는 엄마의 말에 창피하다고 딸은 고개를 돌린다.

"에고 아주머니 괜히 오셨네요. 이 둘은 하늘이 맺어 준 인연이라 떨어지려야 떨어질 수가 없는 사이네요. 남자 나이 서른다섯이 되면 그 빛이 서서히 보이겠어요. 그리고 40대 되면서부터는 탄탄대로예요. 60 넘어서는 돈 걱정 절대 안 하고 살겠어요. 걱정하지 마셔요." 한시름 놓인다. 우리 딸이 고생은 안 한다고 하니 이 녀석에게 시집보내도 된단다. 농사짓는 집이면 결사반대를 하려고 했는데 서울에서 직장을 다닌단다. 그것도 좋은 회사를. 시집보낼 준비를 해야겠다.』

엄마가 우리의 결혼을 허락하게 된 결정적 계기가 철학관 아저씨의 말이라니 처음엔 어이가 없었지만 묘하게도 그 말이 틀리진 않았다. 그분의 말대로 우린 정확히 그 나이가 되면서 안정감을 찾아가고 있었다. 그래서 끝까지 그 철학관 아저씨의 말을 믿어 보려 한다. 아직 60이 안 되었으니까 조금 더 기다리면 된다. 가끔 남편과 불편한 관계 정리를 하는 화해를 할 때 등장하는 단골 멘트가 있다.

"내가 60까지는 기다려 볼 거야. 지금까지 참고 살았는데 아깝잖아. 몇 년 안 남았어." 한다.

그러면 남편은 "설마 그렇게 안 되었다고 바로 버리는 건 아니겠지?"라고 슬쩍 말을 건넨다.

"하는 거 봐서."라고 으름장을 놓기도 하지만 난 그날의 우리들이 기대된다.

커다란 거실 통 창 너머로 손주 녀석들이 뛰어놀고 있다. 몇 해 전 큰손주가 태어났을 때 심어 놓았던 사과나무에 사과가 제법 달려 있다. 둘째 손주가 태어났을 때 심었던 감나무도 훌쩍 자라 있다. 남편과 아들들은 바비큐 파티를 한다고 불을 지피고 있다. 며느리들은 주방에서 저녁상 차리는 것을 도와준다고 '요리조리' 왔다 갔다 한다.

"어머님, 지난번에 담아 주신 파김치 남았어요? 삼겹살이랑 먹으면 '딱' 일 것 같아요."

"형님, 과일 준비는 제가 할게요."

"동서, 애기 깼어. 내가 할 테니까 동서는 애기나 봐."

"얘, 저녁상 준비는 엄마가 할 테니까 큰애 너도 나가서 애들 좀 봐라. 울 강아지들 불 피우는 데 갔다가 데이면 큰일이니까."

텃밭에서 가꾼 상추와 깻잎이 싱싱하다. 고추도 아삭아삭 씹히는 맛이 너무 좋다. 오이도 제법 잘 자랐다. 호박은 따 두었다가 애들이 집에 돌아가는 길에 한 봉지씩 들려서 보내 줘야겠다.

"아버지, 오늘은 술 한잔하셔야죠?"

"그럼. 이렇게 기분 좋은 날인데. 너희들이 아빠 회사를 맡아 운영하겠다는 결정이 난 날이잖아. 이제부터 아빠는 뒤에 물러나 있을 테니까 너희들 감각대로 잘 이끌어 봐."

"당신 성격에 퍽이나 그렇게 하겠네요. 그래도 이제부터 당신은 나랑 손주들이랑 노는 거예요. 아셨죠?"

큰아들은 외국을 드나들며 회사 상품을 알리는 데 애를 쓰고 있고 작은아들은 회사 내 심리 상담실에서 직원들 마음을 '두루두루' 살핀다.

그냥 이렇게 우리 가족은 각자의 위치에서 시간을 맛있게 보내고 있다. 어떤 사람들은 '나이가 들어가는 것'을 '힘을 잃어 가는 것'이라고 말하기도 한다. 하지만 난 다른 생각을 갖고 있다. 힘을 잃어 가는 것이 아니라 힘을 써야 하는 분야가 이동을 하는 것이라고 생각한다. 내가 꿈꾸는 노후는 천천히 착실하게 준비하면 이루어진다고 자신한다. 그 과정에 여러 가지 어려운 일이 생길 수 있다 하더라도 우리 가족이 갖고 있는 믿음으로 충분히 헤쳐 나갈 수 있으리라 생각한다. 그래서 난 나이를 먹는 것이 좋다. 기대되는 내일을 살고 있기 때문이다.

이 글을 정리하면서 가족의 소중함을 다시 한 번 느낄 수 있었고, 가족 구성원들의 애씀이 있었기에 책을 마무리할 수 있었다. 자신의 위치에서 늘 최선을 다하고 있는 우리 가족을 사랑하고 늘 든든한 바람막이가 되어 주고 있음에 감사함을 표한다.

'더도 덜도 말고 지금처럼만' 하는 마음으로 행복을 찾아가는 우리들을 열렬히 응원한다.